CENT DESSINS

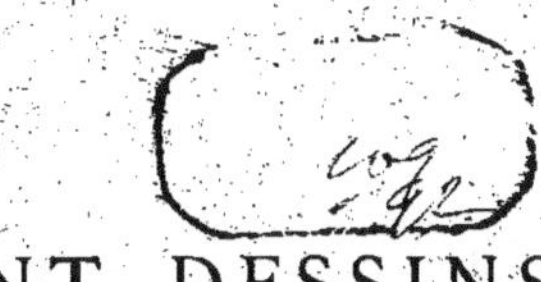

DE

WATTEAU

GRAVÉS PAR BOUCHER

Précédés d'une

PRÉFACE DE PAUL MANTZ

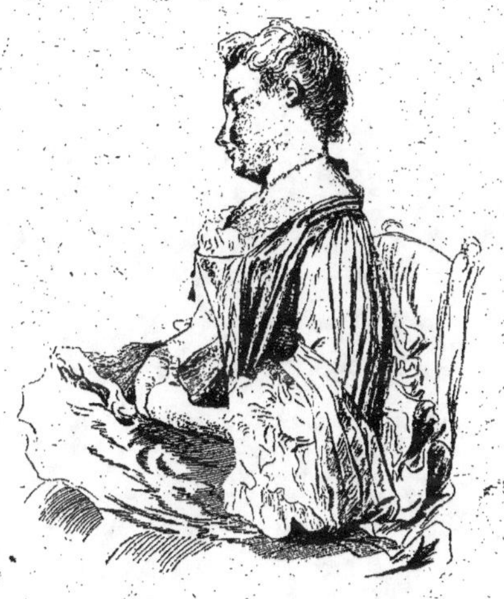

PARIS

A LA LIBRAIRIE ILLUSTRÉE

8, RUE SAINT-JOSEPH, 8

1892

CENT DESSINS

DE

WATTEAU

CET OUVRAGE A ÉTÉ TIRÉ

A CINQ CENTS EXEMPLAIRES SUR PAPIER VÉLIN

NUMÉROTÉS A LA PRESSE

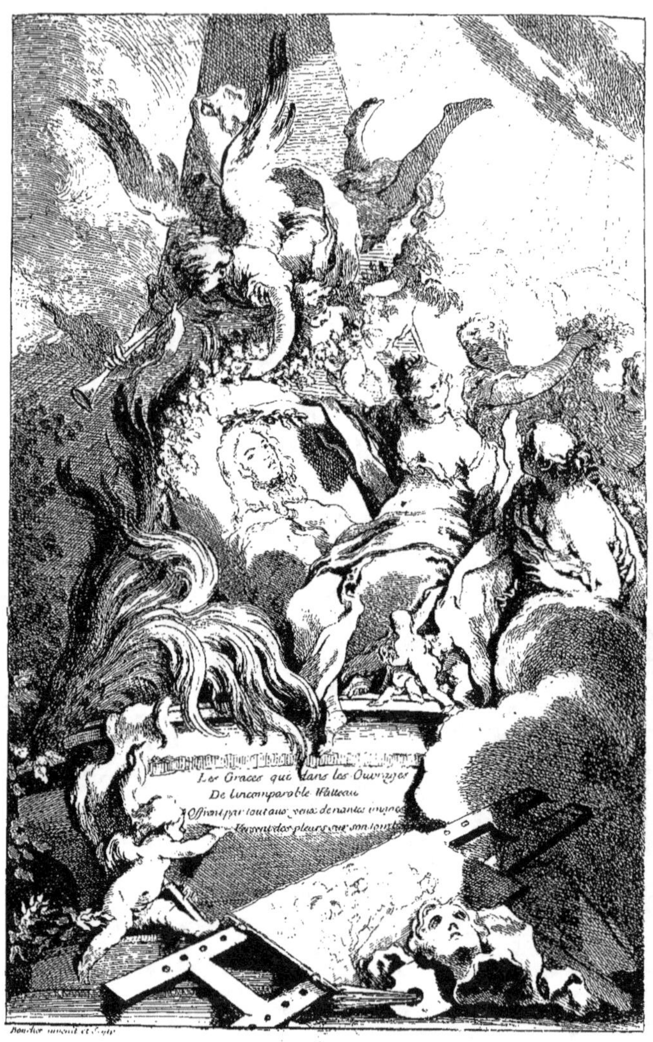

COMPOSITION DE F. BOUCHER, GRAVÉE PAR LUI-MÊME

Servant de frontispice aux *Figures de différents caractères*.

CENT DESSINS

DE

WATTEAU

GRAVÉS PAR BOUCHER

Précédés d'une

PRÉFACE DE PAUL MANTZ

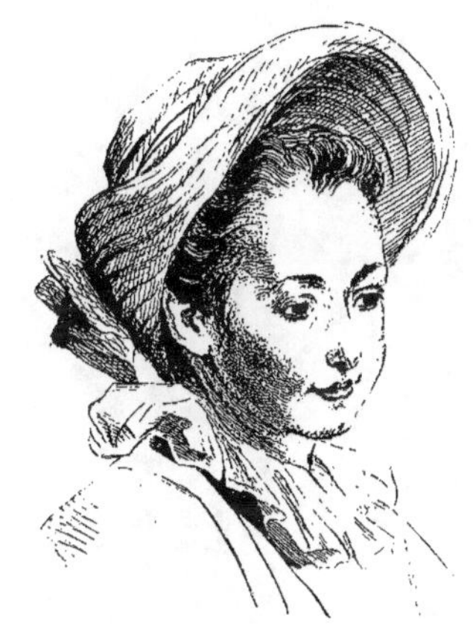

PARIS

A LA LIBRAIRIE ILLUSTRÉE

8, Rue Saint-Joseph, 8

—

1892

PRÉFACE

———

Tous les amis de Watteau connaissent le recueil intitulé *Figures de différents caractères;* mais les privilégiés seuls possèdent ce livre rare dont le prix, déjà élevé il y a quelques années, devient tous les jours plus inabordable. On sait que les deux volumes qui composent ce recueil ont été publiés par Jean de Julienne un peu après la mort du maître survenue le 18 juillet 1721. Julienne était l'ami fidèle et persistant. Il avait lui-même chez lui une ample collection de dessins du peintre, et c'est à peine si nous pouvons nous faire une idée exacte des trésors qu'il avait recueillis, car ils sont loin de figurer tous dans le catalogue de la vente mortuaire qui eut lieu en 1767 et dont Pierre Rémy a dressé l'inventaire. A une date que nous ignorons, Julienne paraît avoir eu des besoins d'argent et il se défit en secret de quelques-uns des chefs-d'œuvre qu'il possédait à l'origine. Dans les premières années qui suivirent la mort de Watteau, la collection était intacte. Julienne y trouva les principaux éléments de son recueil, mais, ainsi qu'il l'a dit dans son avant-propos, il emprunta un bon nombre de croquis aux curieux qui communiaient avec lui dans le culte de Watteau et qui n'étaient pas moins dévoués à sa mémoire. La récolte était alors facile, car les crayons de Watteau, ceux qu'il avait lui-même partagés de ses mains mourantes entre Crozat, l'abbé Haranger, Hénin et Gersaint, n'étaient pas encore dispersés; Julienne les retrouvait chez ses amis, et l'Angleterre ne songeait pas à se jeter sur cette proie dont elle s'est emparée plus tard.

Le recueil des *Figures de différents caractères,* divisé en deux volumes, ne contient que des dessins gravés à l'eau-forte. Ces estampes sont au nombre de 350. Pour élever son monument à la gloire de Watteau, Julienne fit appel à une équipe de graveurs, les uns déjà célèbres, les autres qui se promettaient de le devenir. Ces artistes, bien connus des iconophiles quoique quelques-uns d'entre eux aient abandonné le travail du cuivre pour la peinture, c'étaient Jean Audran, son fils Benoit Audran, Boucher alors à son début, Laurent Cars, le comte de Caylus Charles-Nicolas Cochin, Desplaces, Lépicié, Silvestre, Thomassin, Trémollières, Carle Vanloo, mais l'éditeur ne s'interdit pas d'apporter lui-même sa pierre à l'édifice, car il a gravé quelques-unes des planches, qui ne sont pas des meilleures. Nous croyons les reconnaître à une certaine maigreur dans le travail.

Toutes les estampes gravées sous la direction de Julienne ne furent pas utilisées. Il procéda à un choix plus ou moins hasardeux et il jugea que quelques eaux-fortes ne prendraient pas place dans le recueil. Mais Julienne avait un ami, un amateur inconnu, à qui il donna les gravures écartées et considérées comme peu dignes de figurer dans le nombre des 350 pièces définitivement choisies. Avec le zèle d'un collectionneur ardent à sauver les choses perdues, cet amateur, dont nous regrettons de ne pas retrouver le nom, forma un exemplaire complet, renfermant à la fois les épreuves admises par Julienne et celles qui ne paraissaient pas devoir être employées. Cet exemplaire est aujourd'hui à la Bibliothèque de l'Arsenal, qui ne le montre pas sans fierté. On peut voir sur ce point ce qui a été dit par M. Edmond de Goncourt dans son *Catalogue raisonné de l'œuvre d'Antoine Watteau* (1875).

Les planches qui forment le recueil des *Figures de différents caractères* sont de valeur fort inégale. Mais dans le choix des graveurs qu'il appela à son aide, Julienne eut une heureuse fortune : il mit la main sur un jeune homme, François Boucher, alors sans gloire, qui s'exerçait au dessin et à la gravure et qui travaillait pour les libraires. En 1721, au moment de la mort de Watteau, Boucher venait de composer une série d'illustrations et de vignettes pour l'*Histoire de France* de Daniel, publiée en 1722. Il était élève de l'Académie royale, et, on doit le croire assez besoigneux. Julienne s'entendit facilement avec lui : il l'enrôla dans sa petite escouade de graveurs, et Boucher se considéra dès lors comme le plus fortuné des hommes, car, d'après un renseignement consigné par F. Villot dans sa notice sur les tableaux du Louvre, Julienne s'engageait à lui payer vingt-quatre livres par jour.

Boucher, né le 29 septembre 1703, était à peine un écolier de dix-huit ans à l'heure où mourut Watteau. Il n'avait pas connu le maître des élégances, il n'avait pu le rencontrer à l'Académie où Watteau, malade et indifférent, allait si peu. Mais il connaissait l'*Embarquement pour Cythère*, et sans doute aussi

l'*Enseigne* exposée chez Gersaint en 1720. Julienne lui montra
ses trésors et lui mit à la main la pointe de l'aquafortiste. En
présence de la collection des dessins de Watteau, séduit par la
grâce spirituelle et vivante de ces croquis, il vit là une occasion
d'apprendre et se lança avec ardeur dans le travail qui lui était
demandé. Il grava ainsi à peu près le tiers des planches qui
constituent le recueil des *Figures de différents caractères* et il y
montra un esprit, une liberté d'allures qui ont manqué souvent
à ses collaborateurs, même à des chalcographes rompus à toutes
les difficultés du métier. Julienne lui confia tous les dessins de
sa collection, le laissant choisir ceux qu'il entendait graver,
mais lui réservant de préférence les paysages, parce que Boucher complétait la pensée du maître et faisait un ensemble
achevé du griffonnage qui n'était souvent qu'un croquis impro-
visé, la notation rapide d'une vision rapportée d'une promenade
à Montmorency ou à Nogent. Au texte quelquefois peu écrit,
le jeune graveur ajoutait l'appoint de la conjecture, et Julienne
était enchanté.

Nous ne saurions recommander Boucher comme un graveur
tout à fait véridique. Les temps de l'exactitude n'étaient pas
venus et le spirituel artiste, déjà en quête de sa propre per-
sonnalité, en prenait fort à son aise avec les originaux que
Julienne lui confiait. Au début de sa carrière et malgré les
recommandations de son éditeur, il s'est comporté avec Watteau
comme il l'a fait plus tard avec sa femme ou ses maîtresses,
corrigeant la monotonie de l'amour par le caprice de l'infidélité.
Encore une fois, dans les *Figures de différents caractères*, les eaux-
fortes de Boucher sont des à peu près, quelquefois même des

inventions dont la fantaisie se superpose au texte original qui
aurait dû lui être sacré. Sa version est souvent suspecte.
Watteau y est fort caché. Ces gravures de Boucher sont cepen-
dant précieuses, car il en est beaucoup qui font revivre à nos
yeux des dessins aujourd'hui perdus. Il faut d'ailleurs s'habituer
à chercher et à reconnaître le maître exquis sous les fioritures
qui le déguisent. Avec un peu d'effort, on y parvient. Derrière
les jeux d'esprit et les traîtrises du traducteur, il y a la robuste
construction, le charme et la poésie de Watteau. Ainsi bien
souvent et alors même qu'elle est voilée, une jolie femme reste
séduisante encore.

PAUL MANTZ.

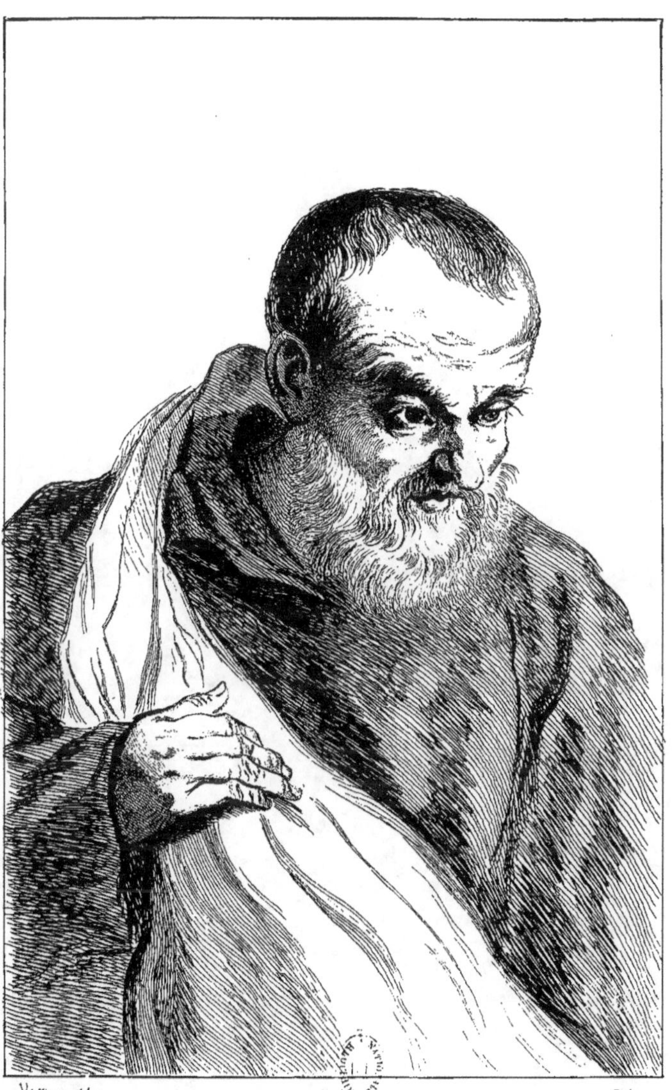

Vatteau del.

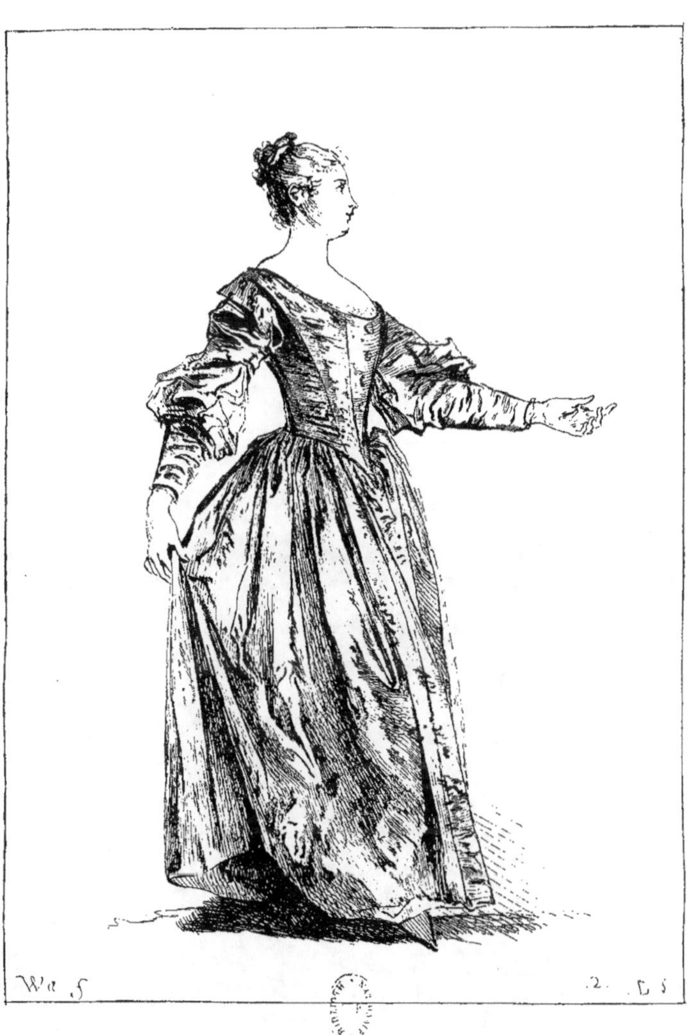
Wa. f
2.

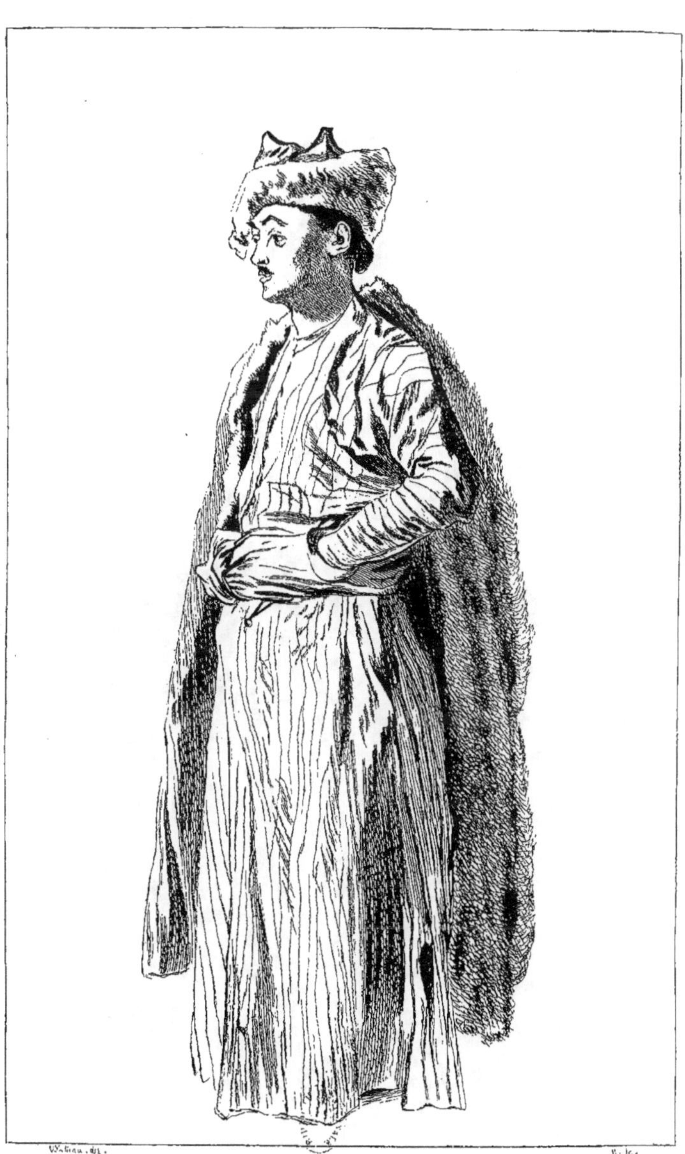

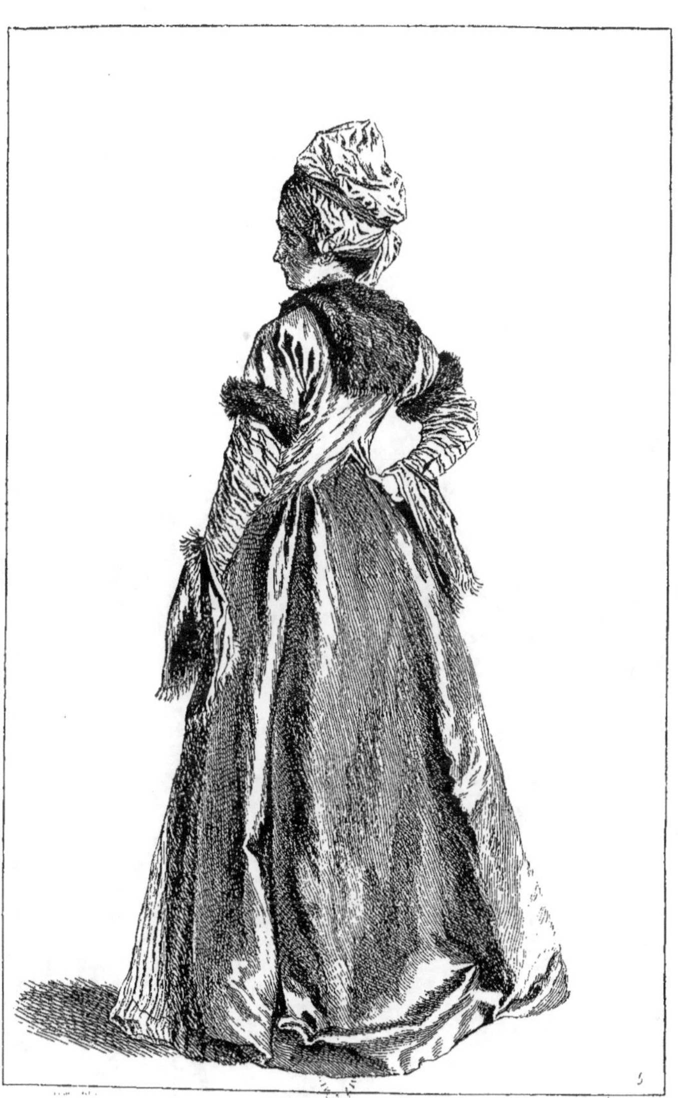

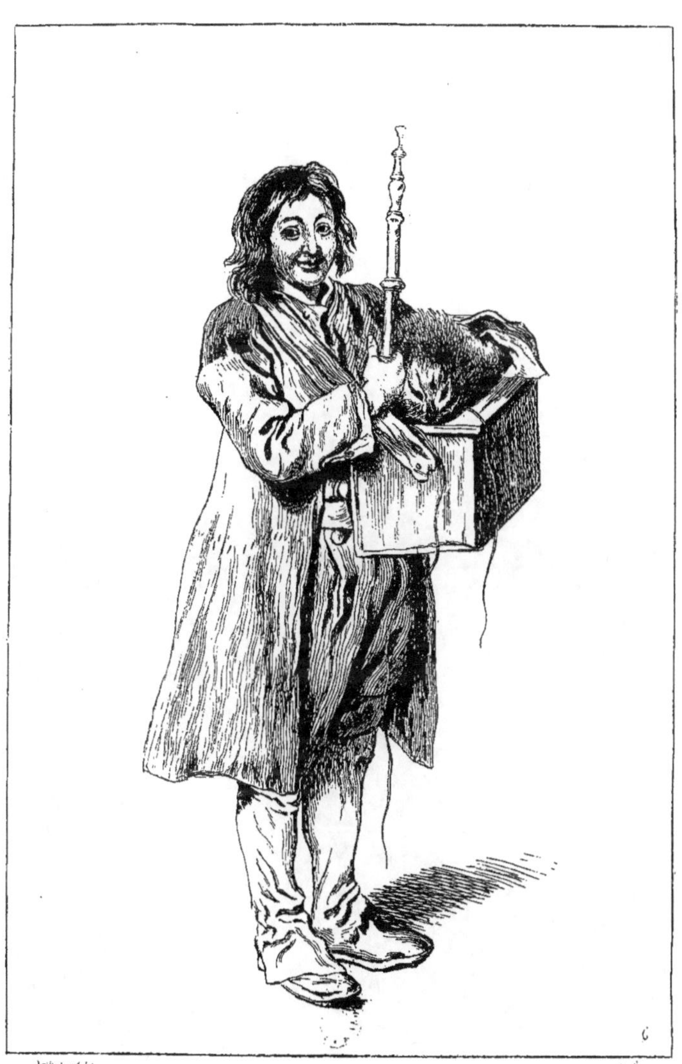

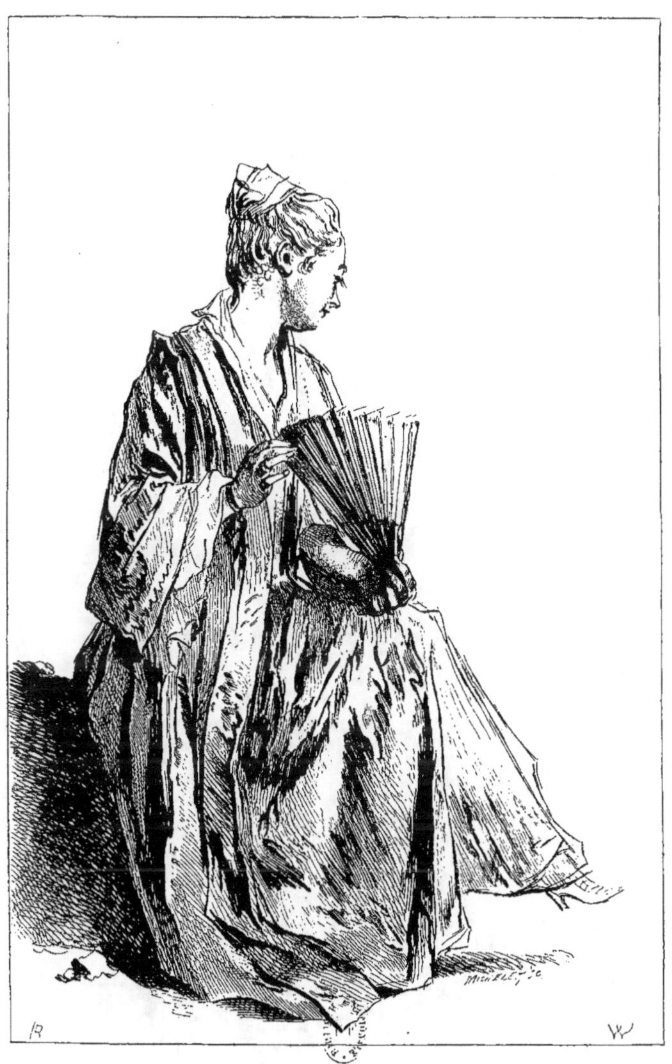

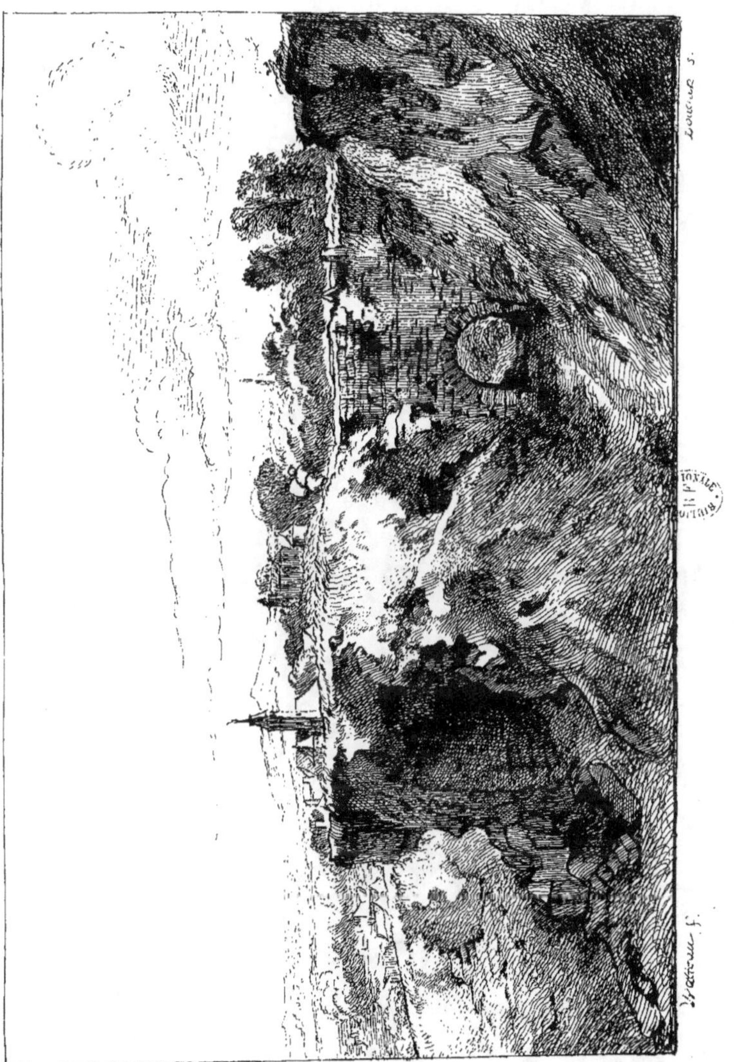

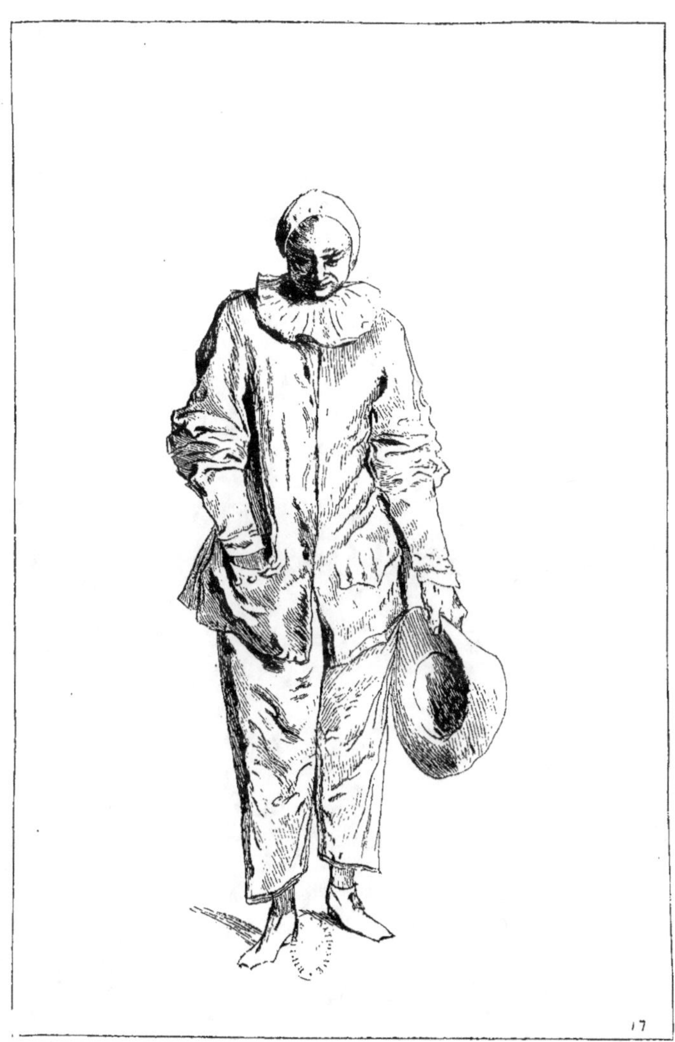

17

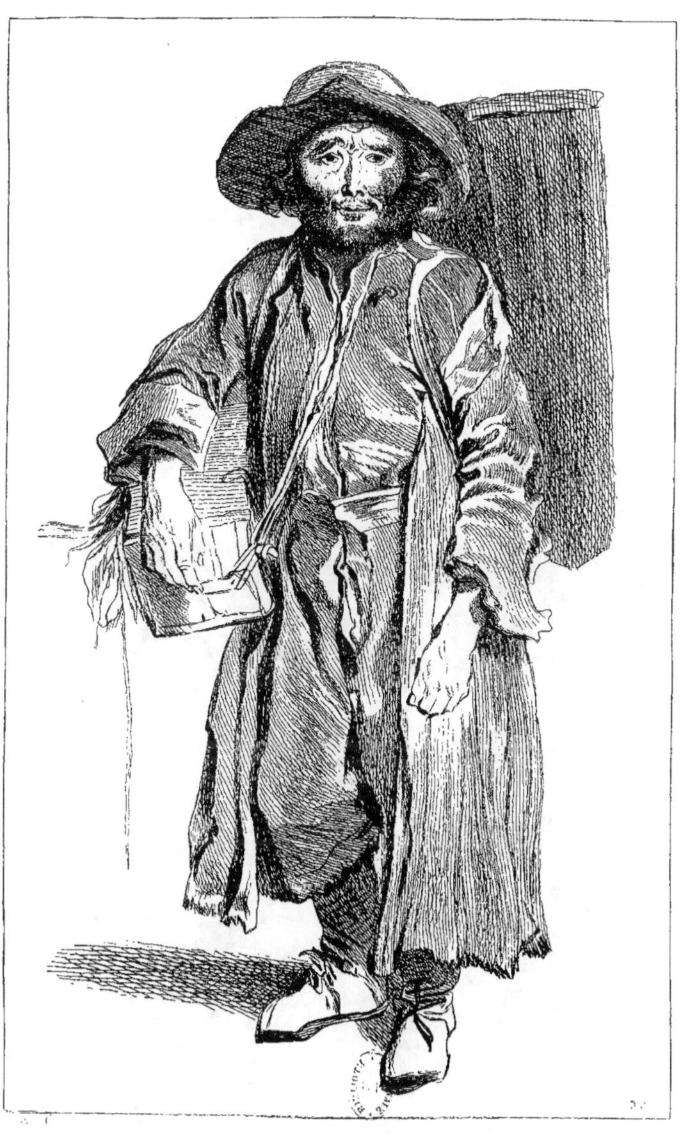

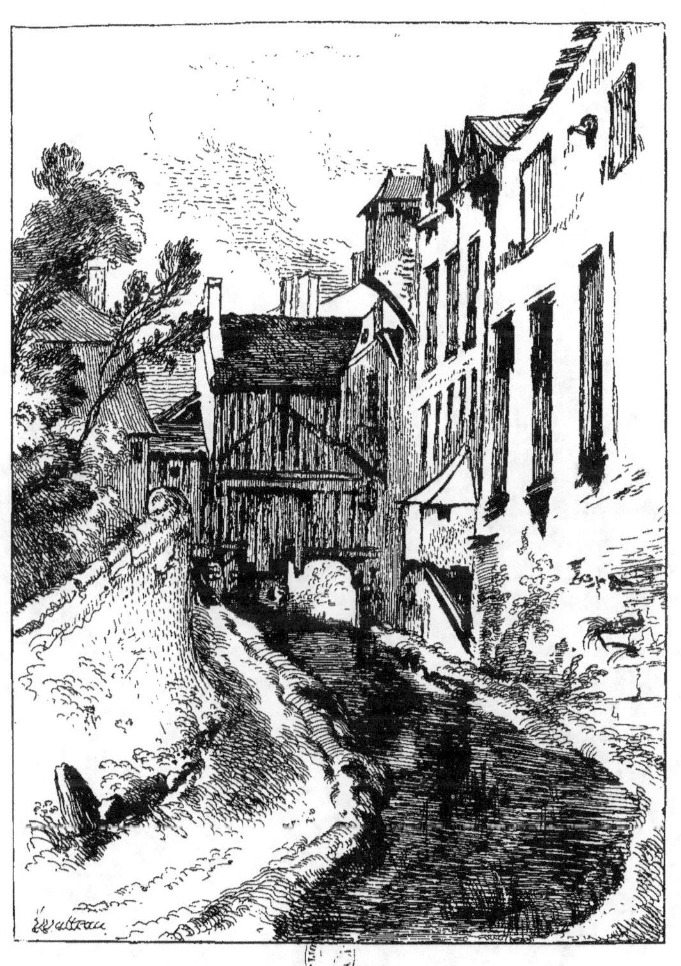

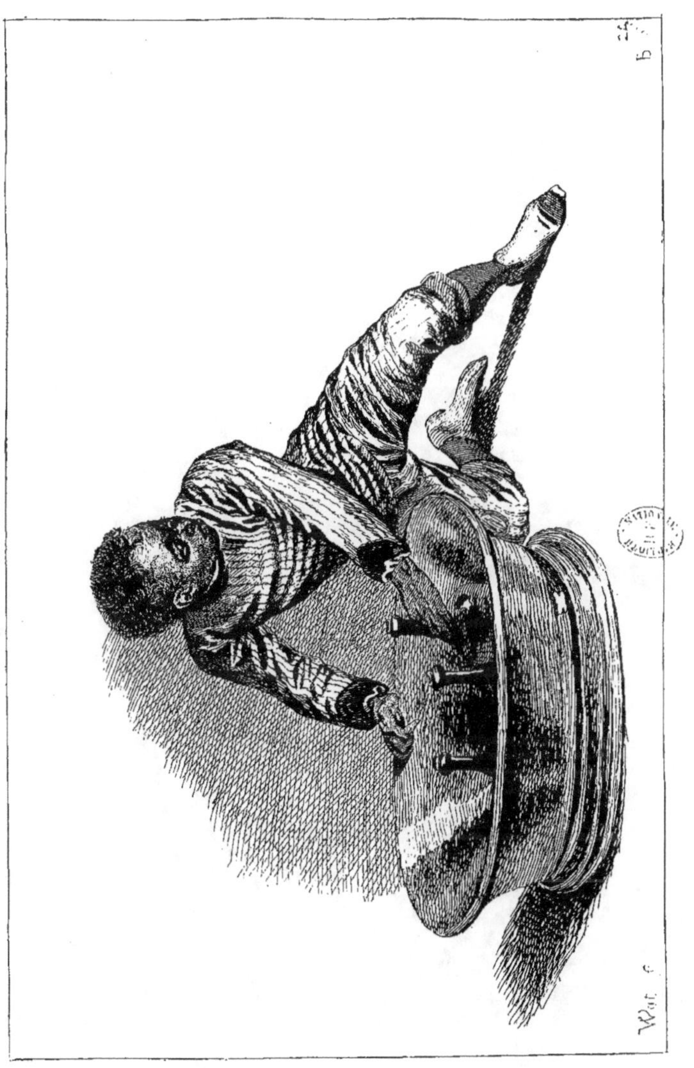

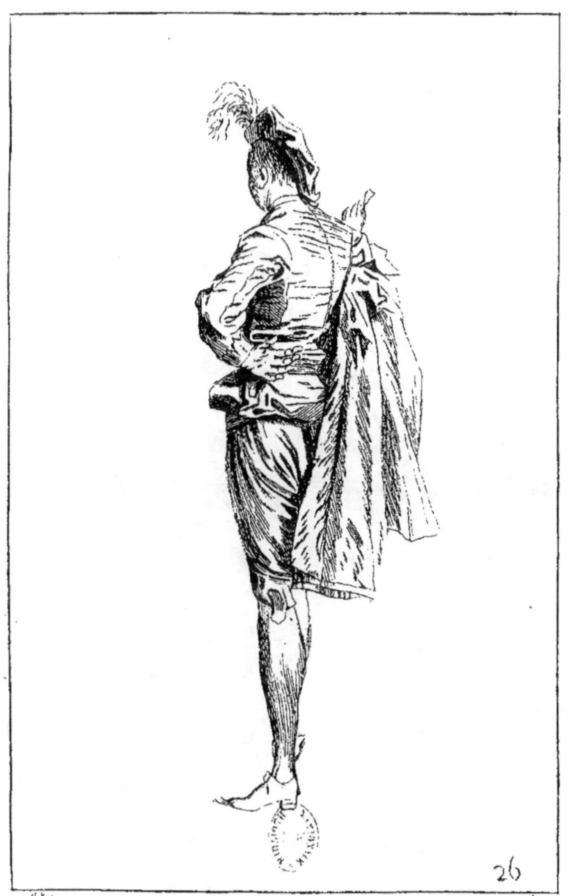

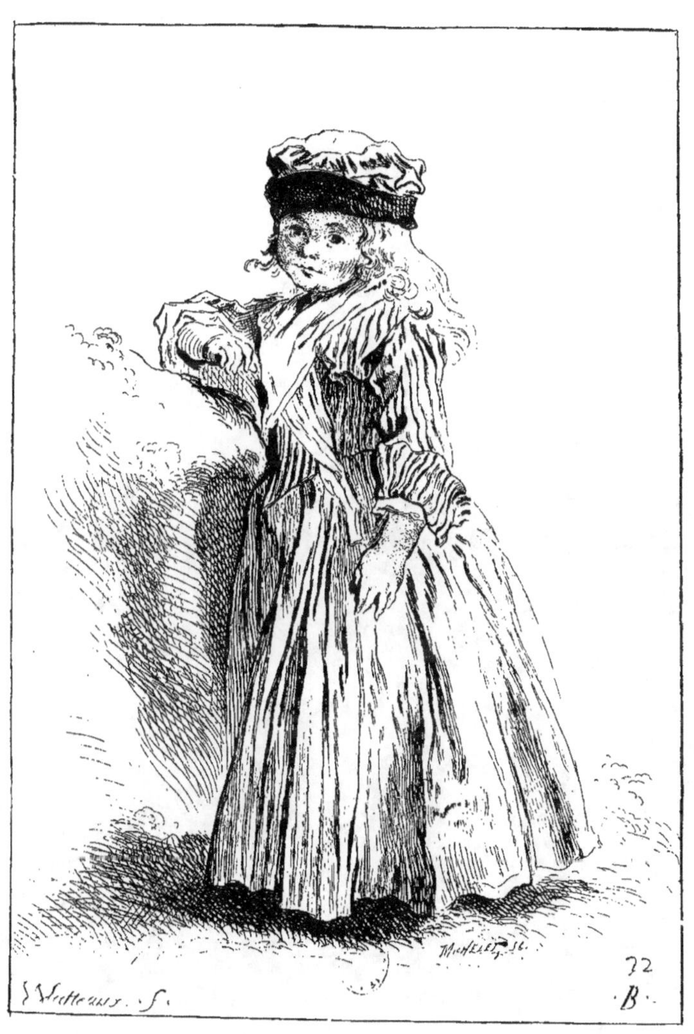
Watteau. f.
Michelet. sc.
72
B

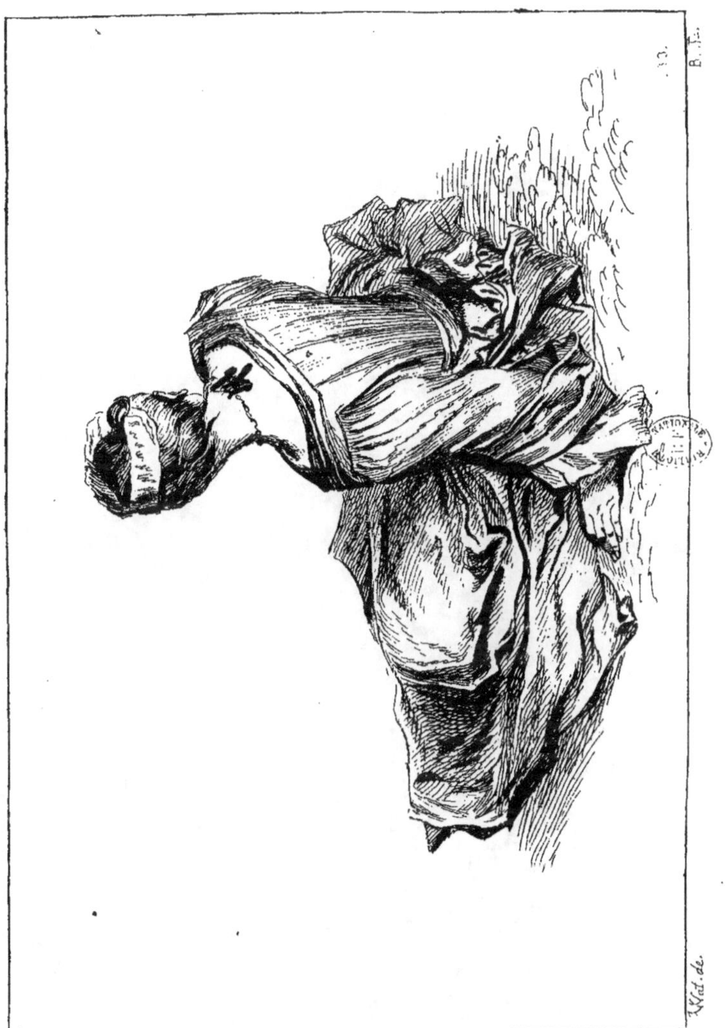

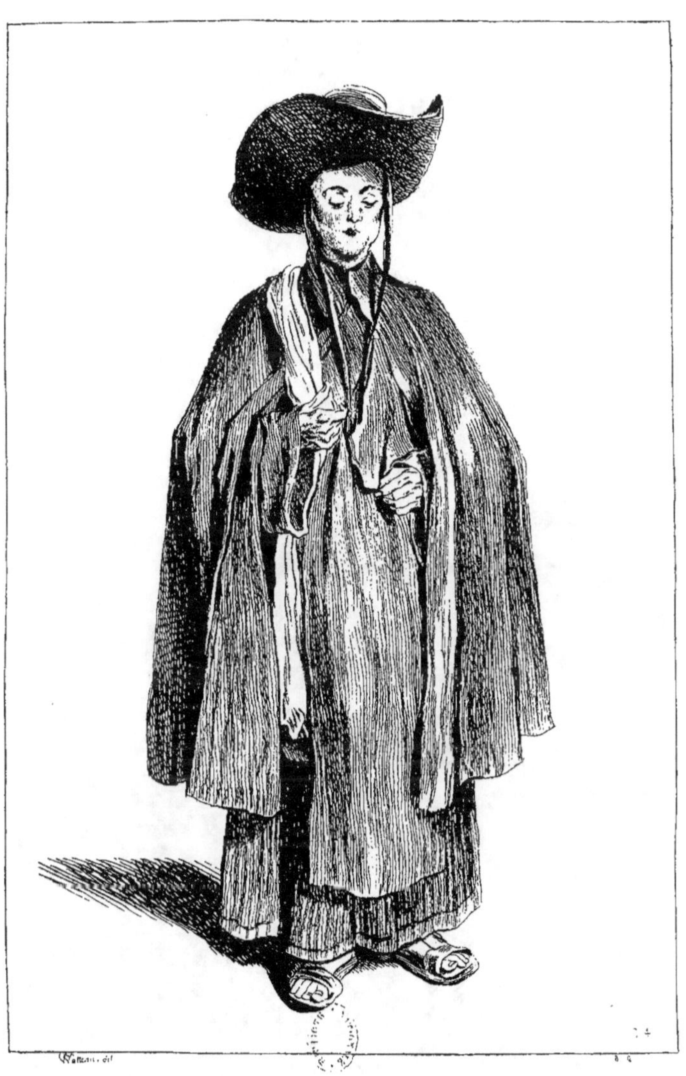

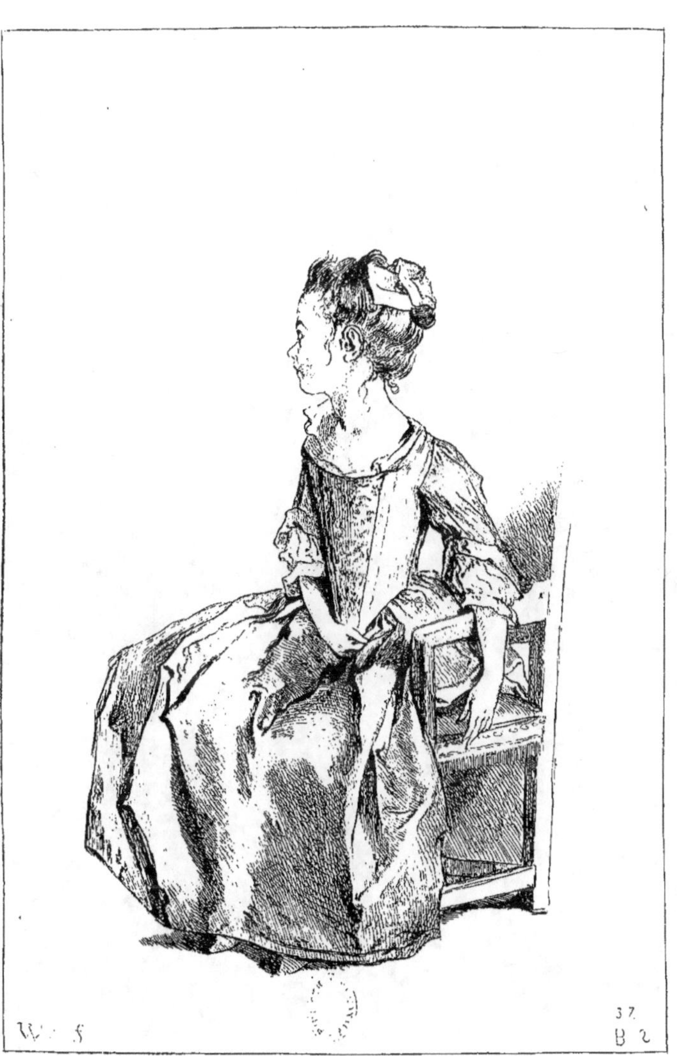

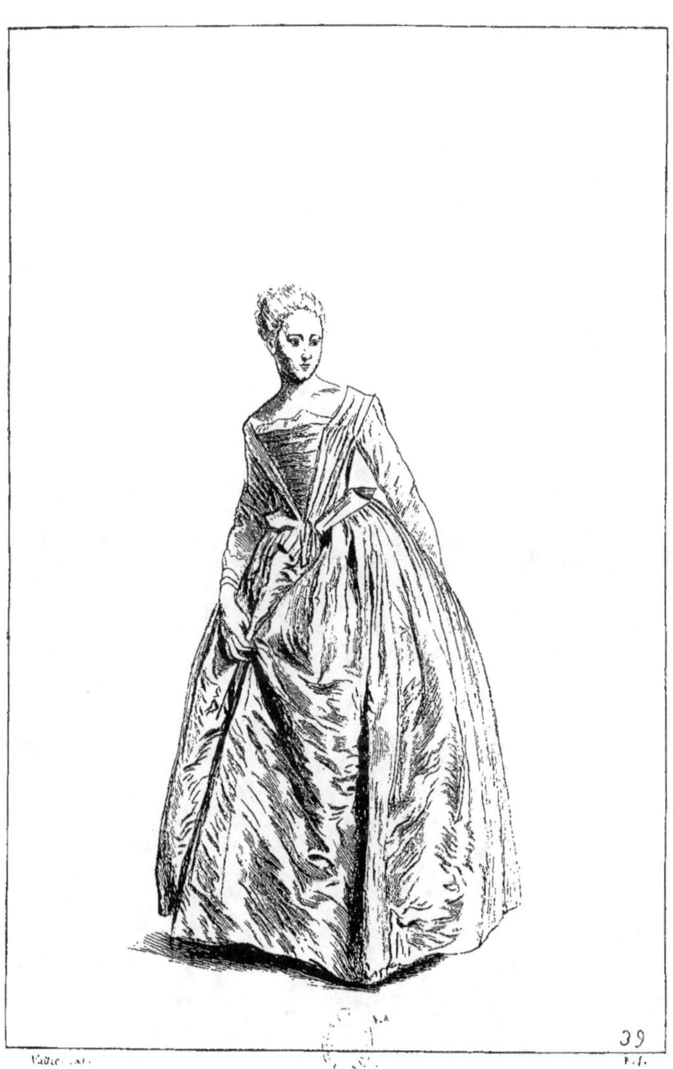

39

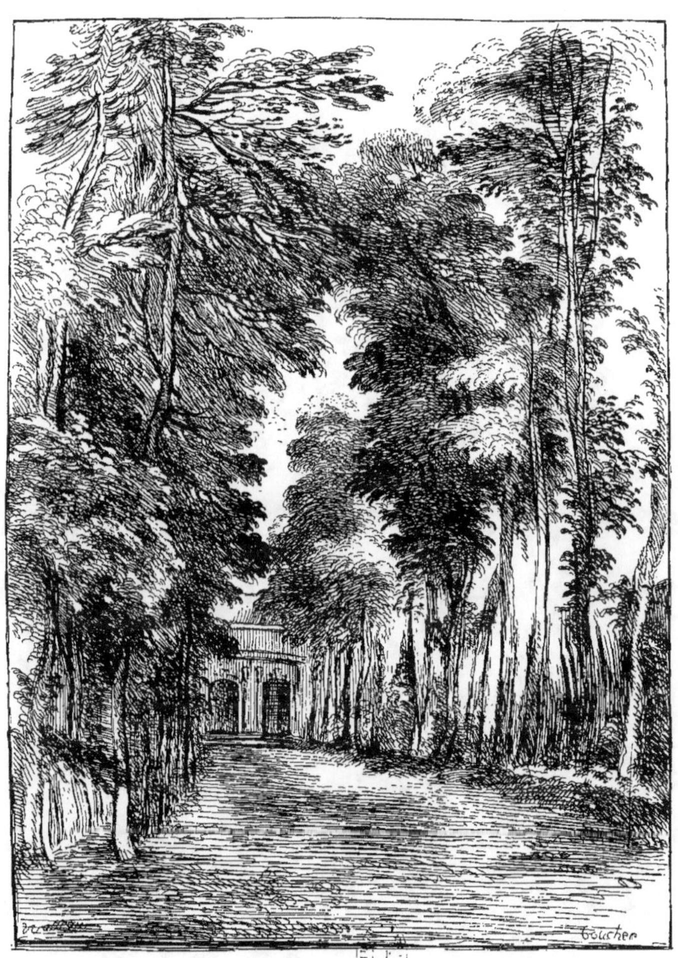
Boucher

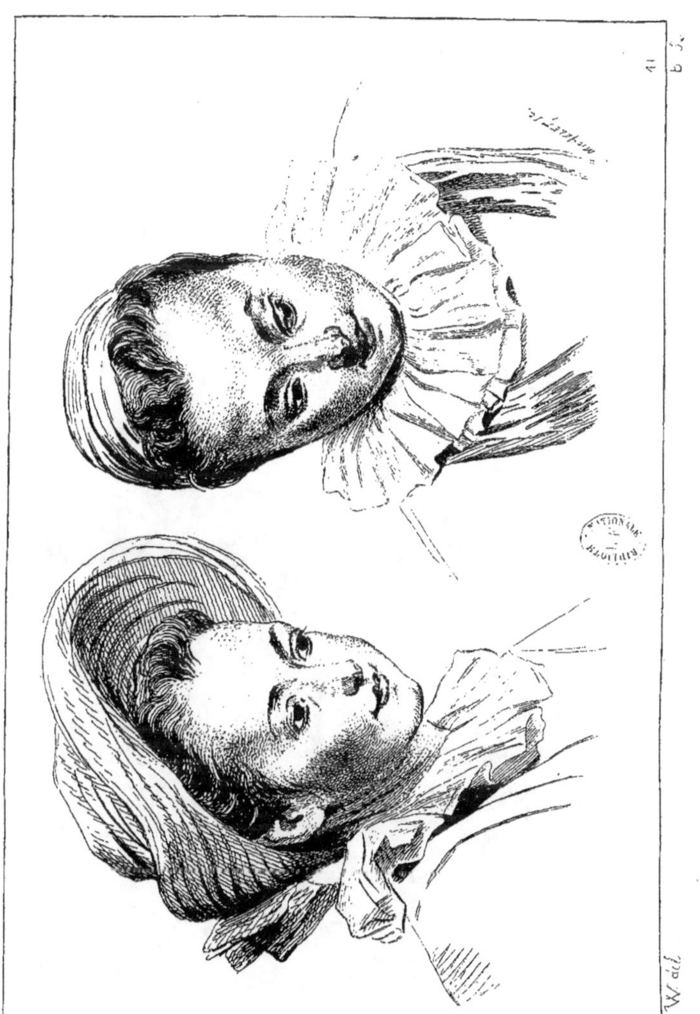

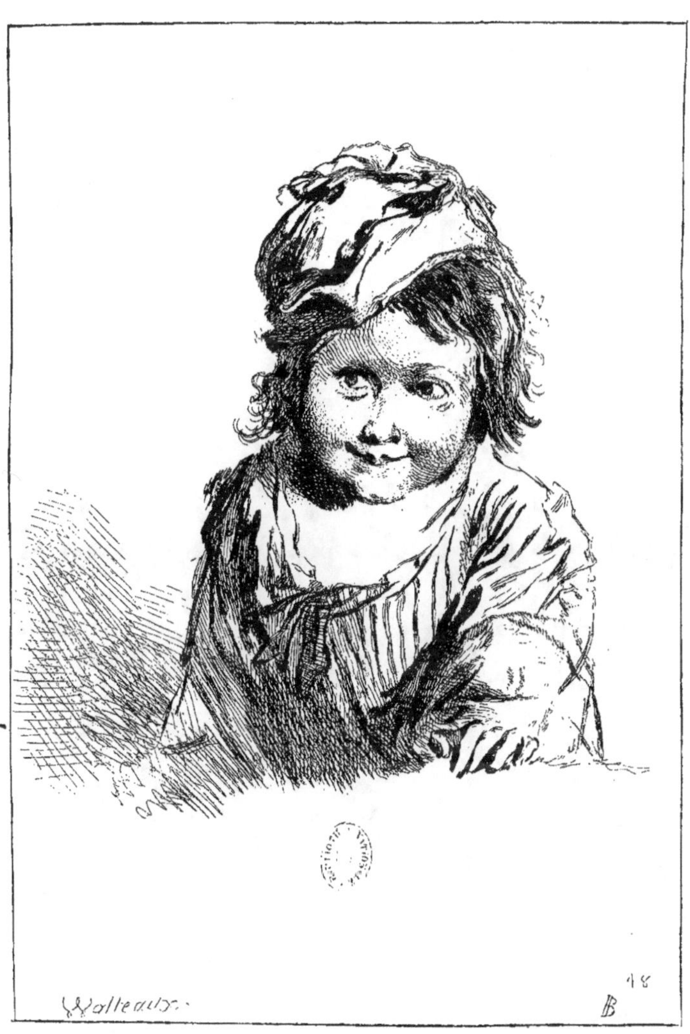
Watteau
18

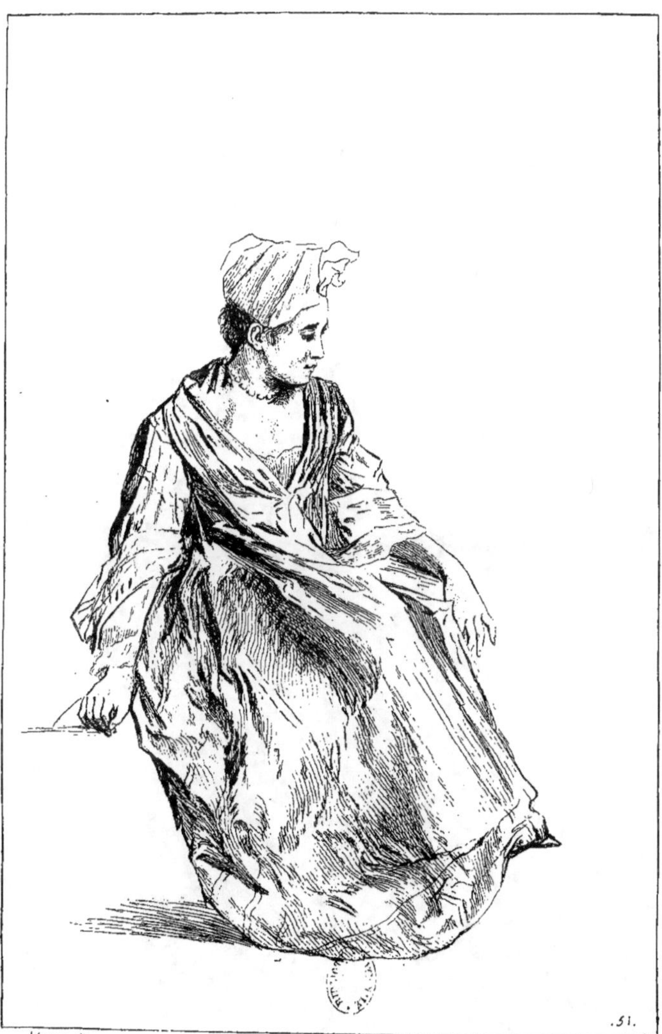
.51.
B.f.

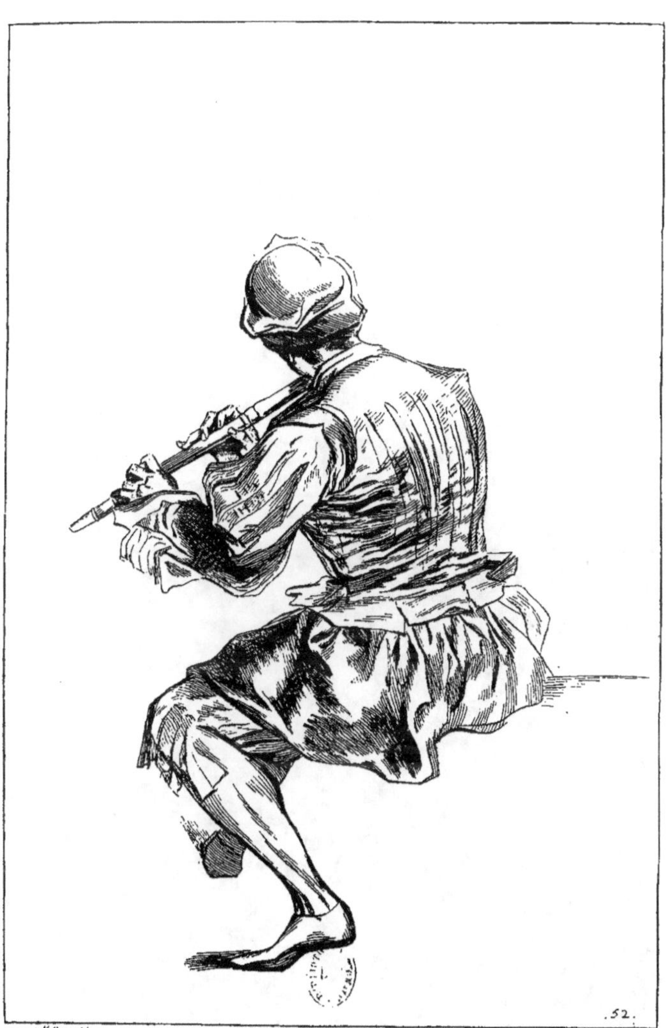
.52.

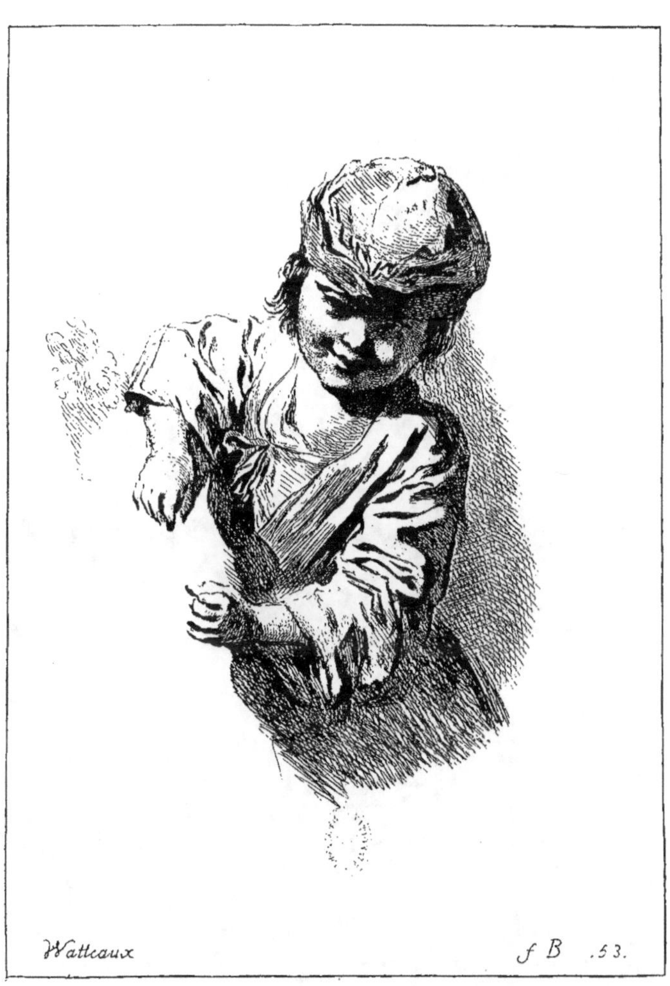
Watteaux
f B .53.

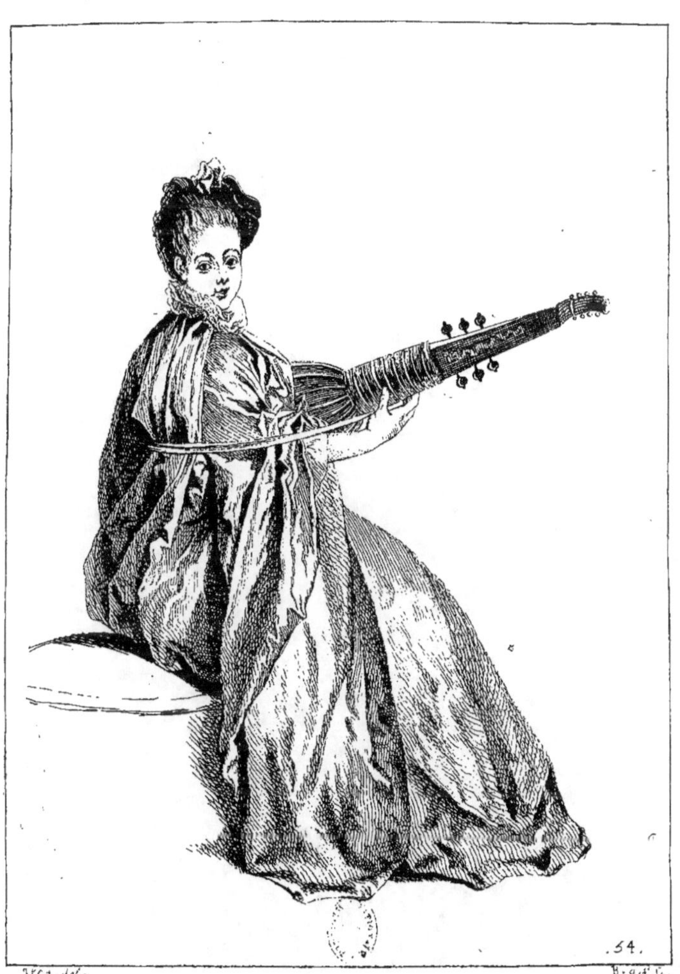
.54.
Wat. del.
B. a. f. sc.

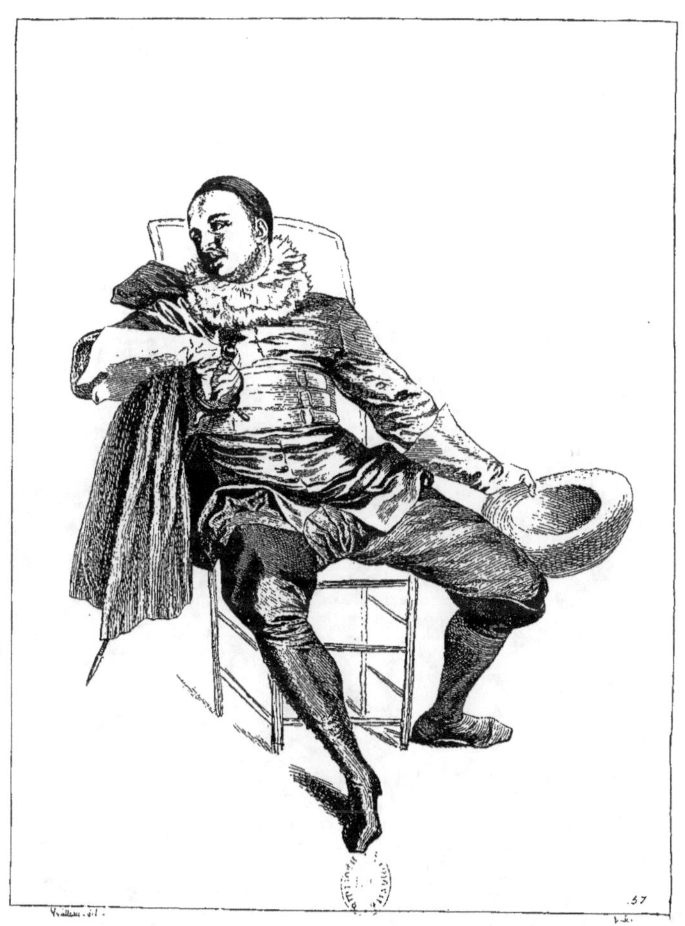

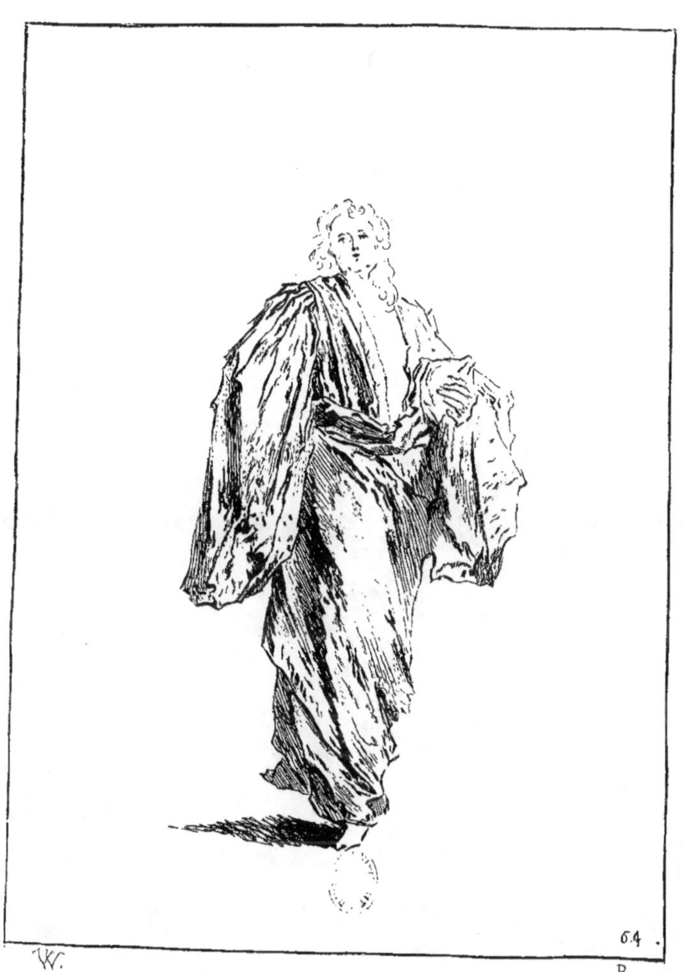
64.
W.
B.

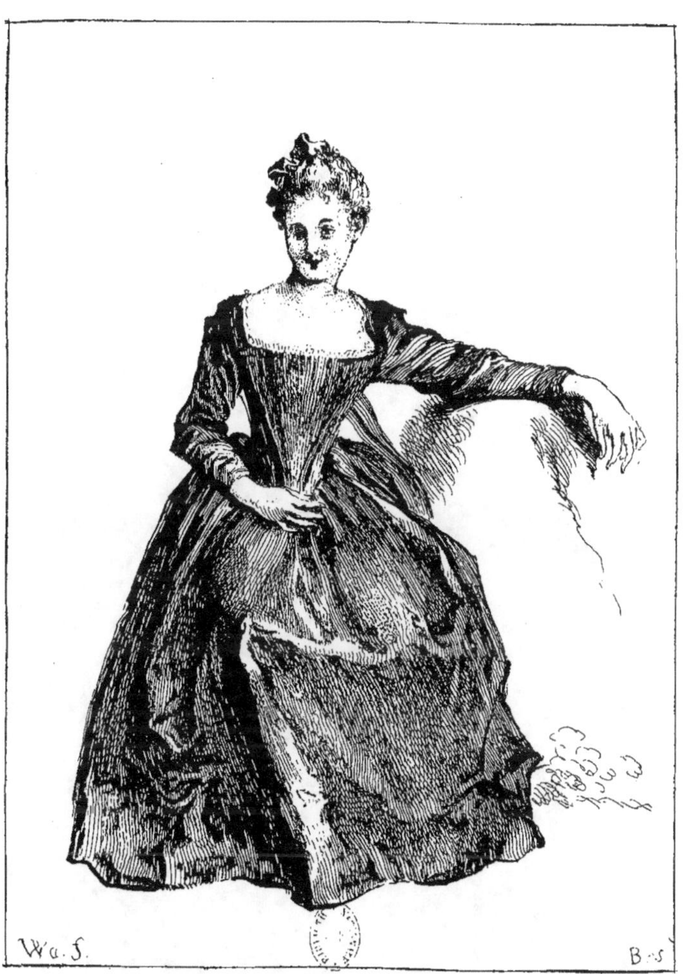

Wa.f.
B.s

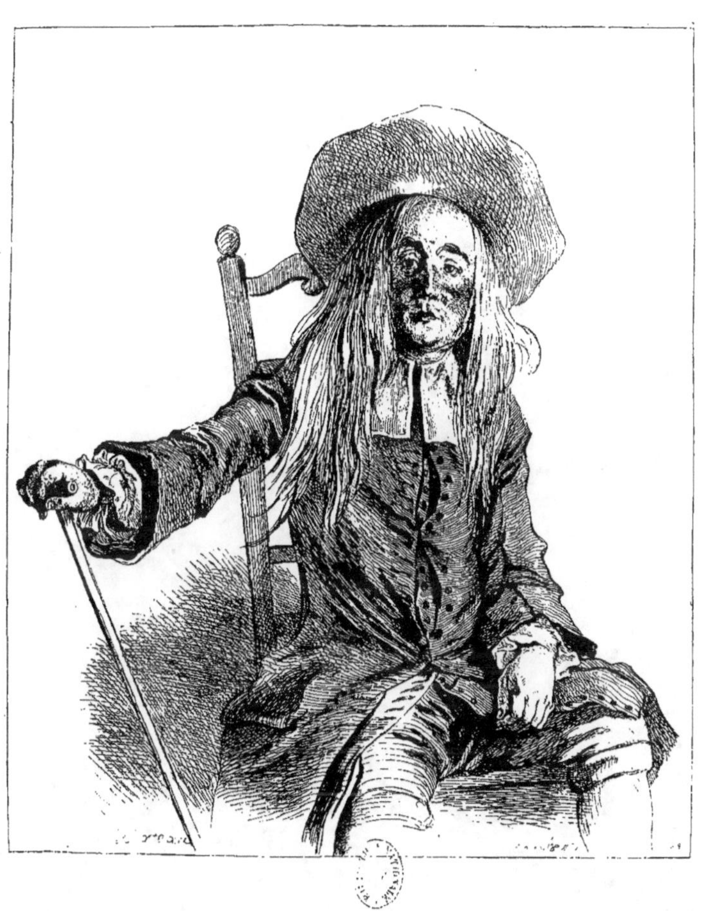

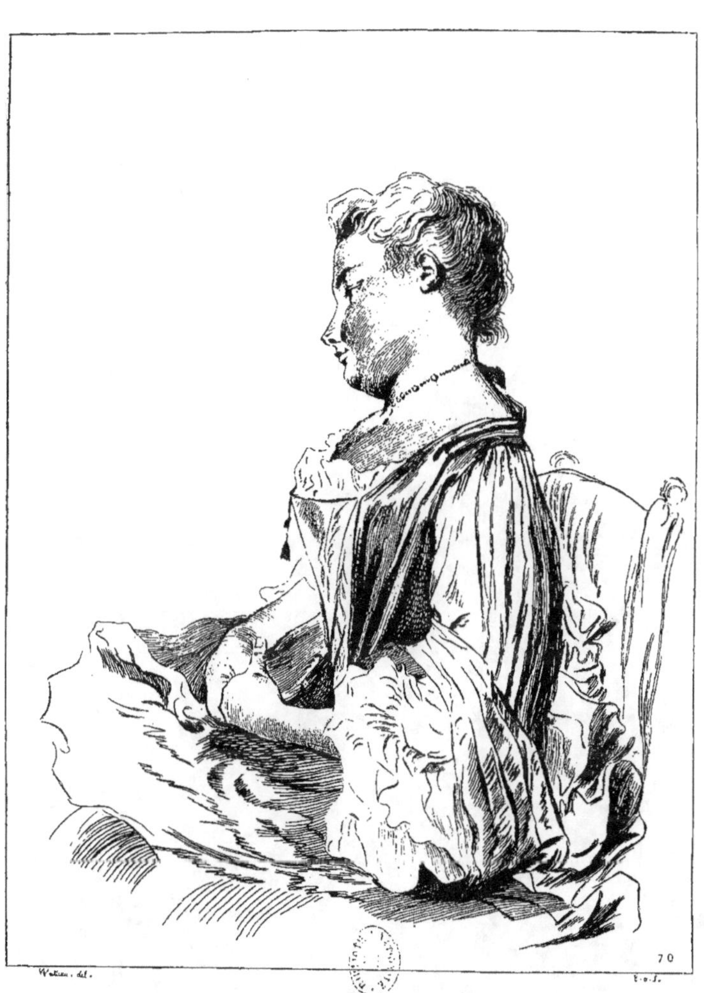

Watteau. del.
70

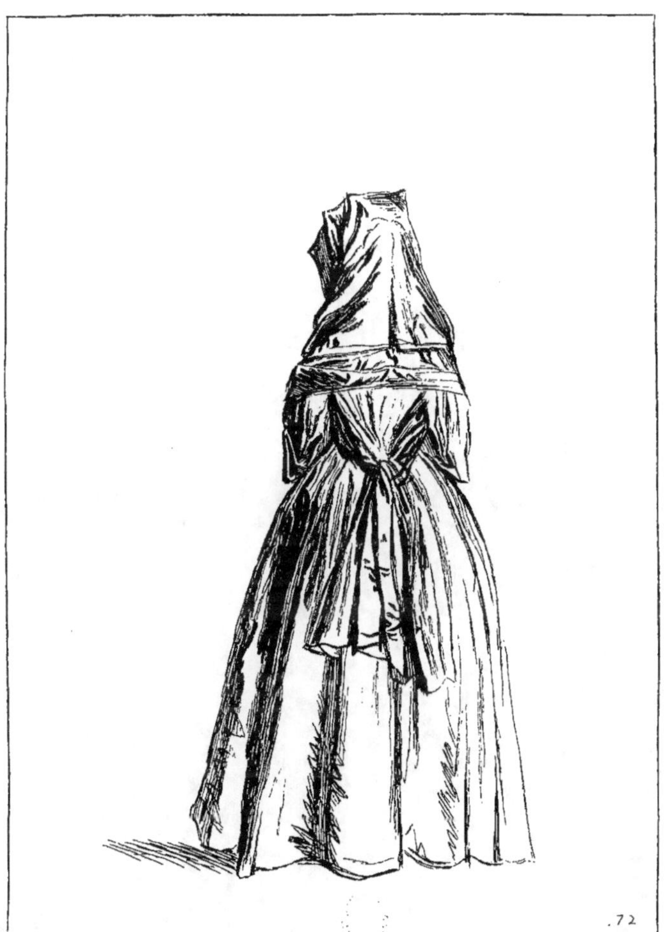
Vallieu. del.
.72
B f

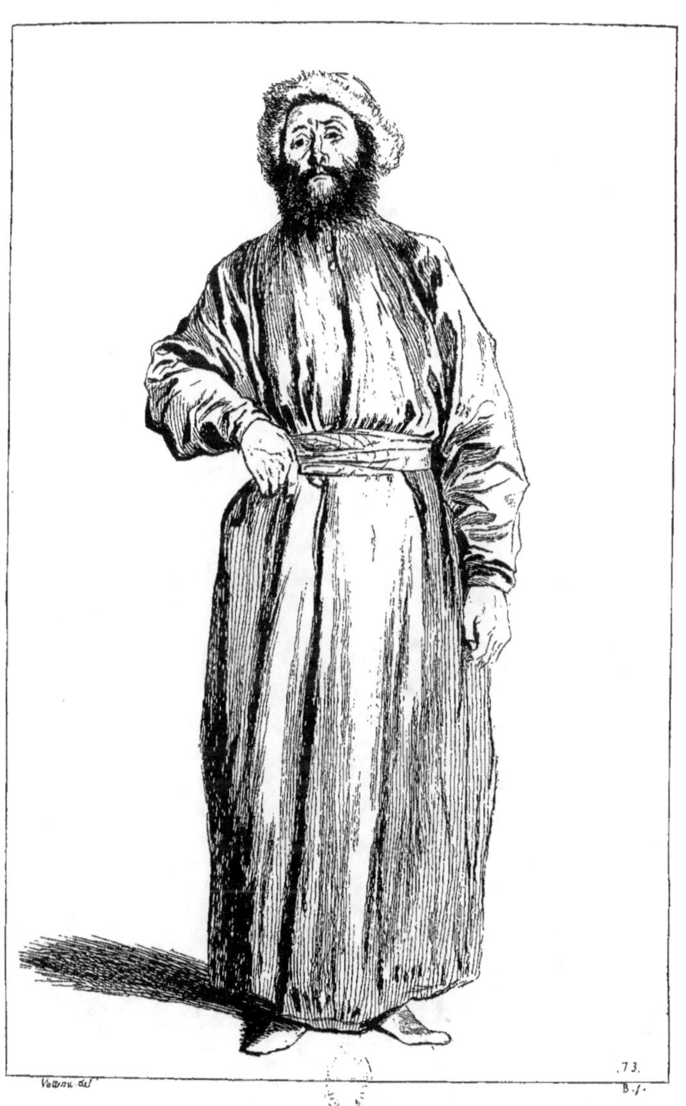

Vatteau del
.73.
B./.

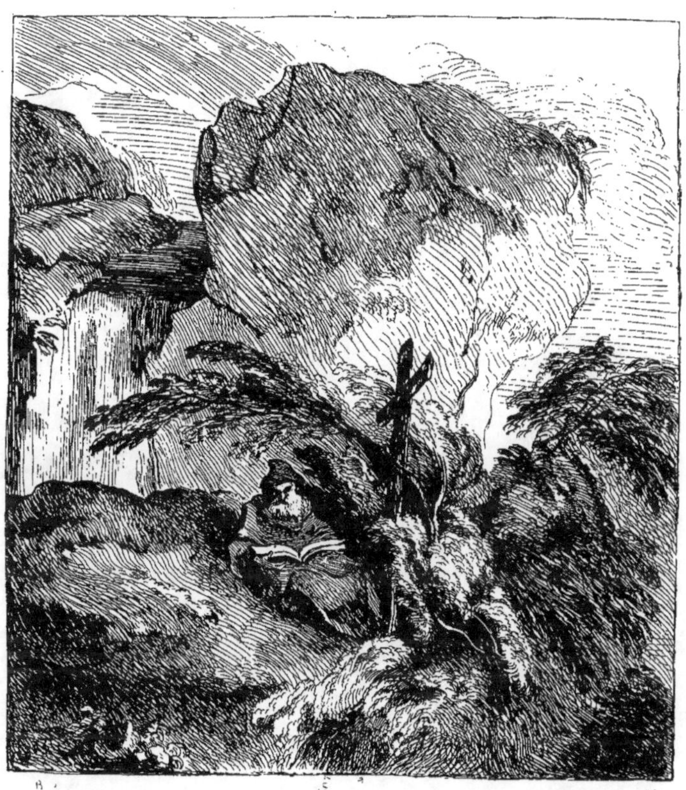

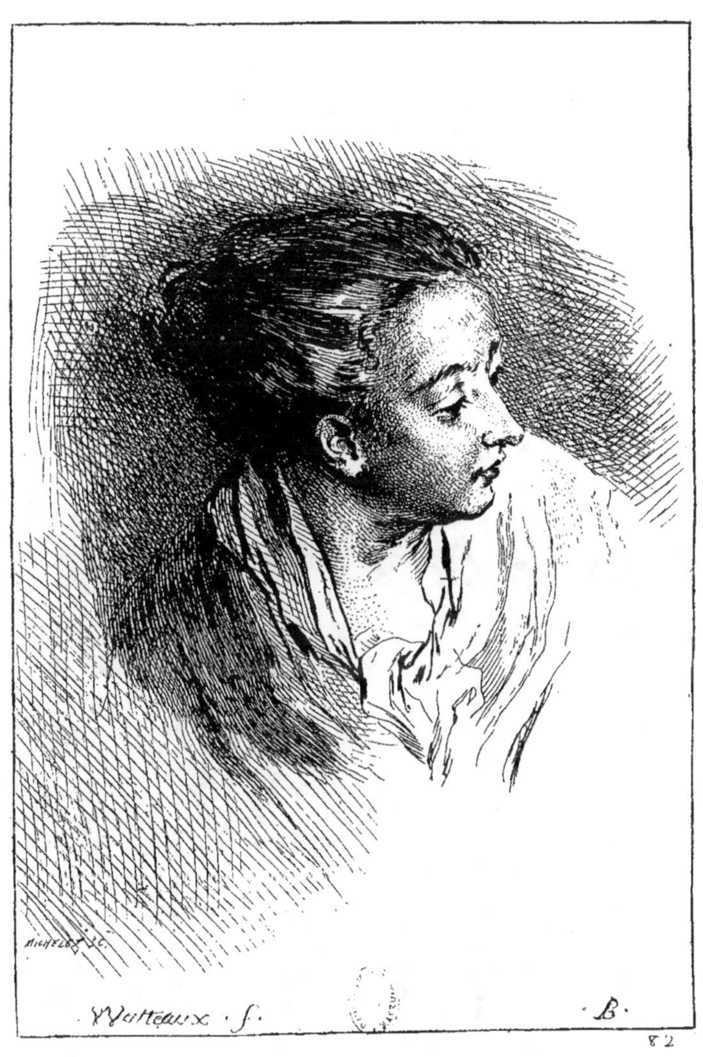

Watteaux . f .
B .

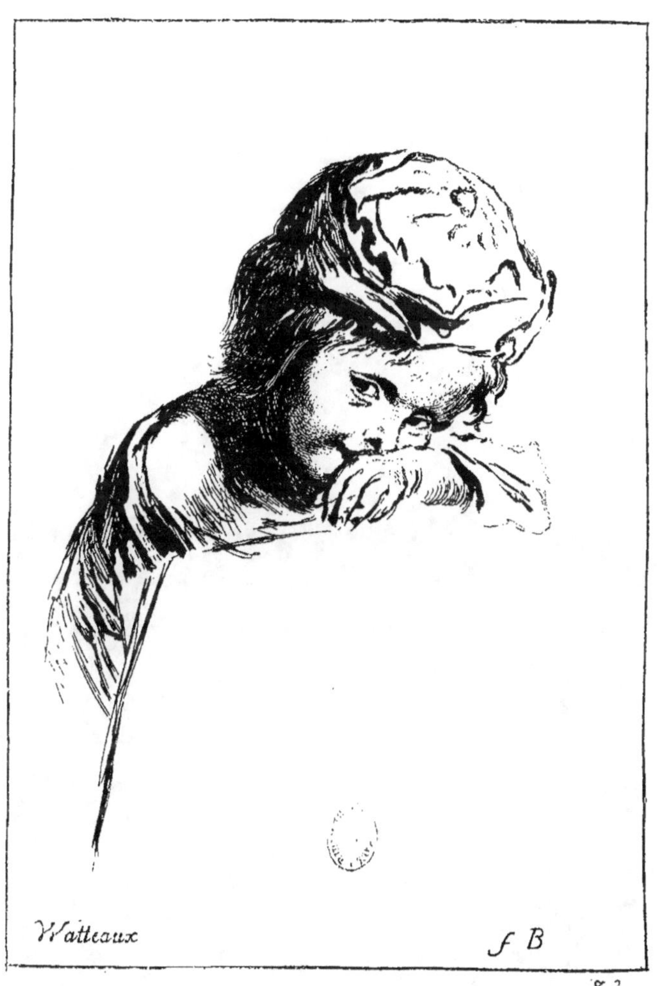

Watteaux
f B
.83

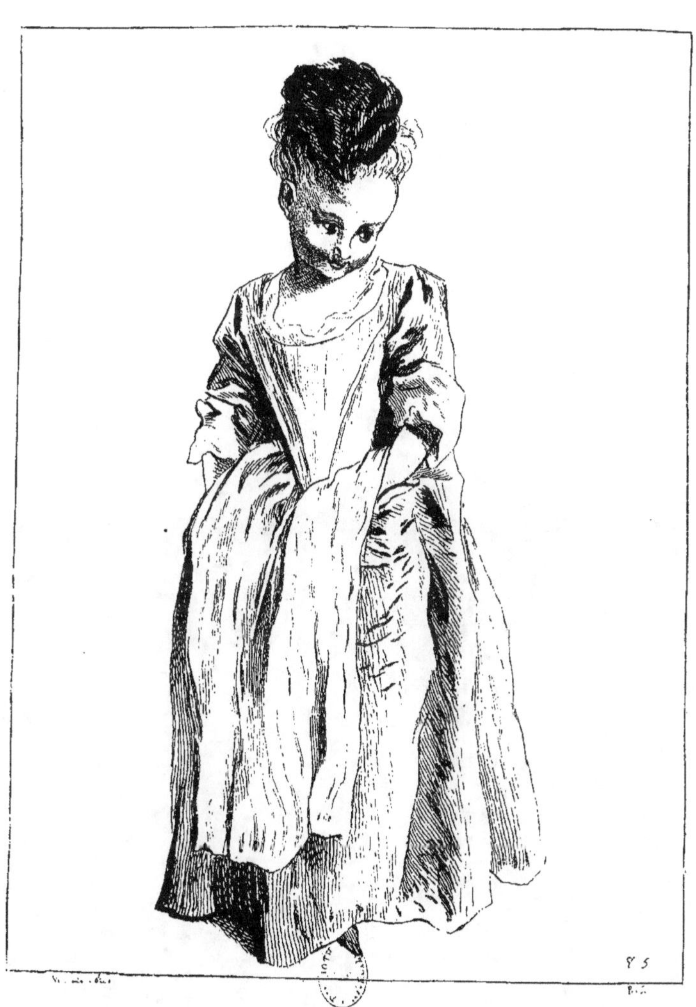

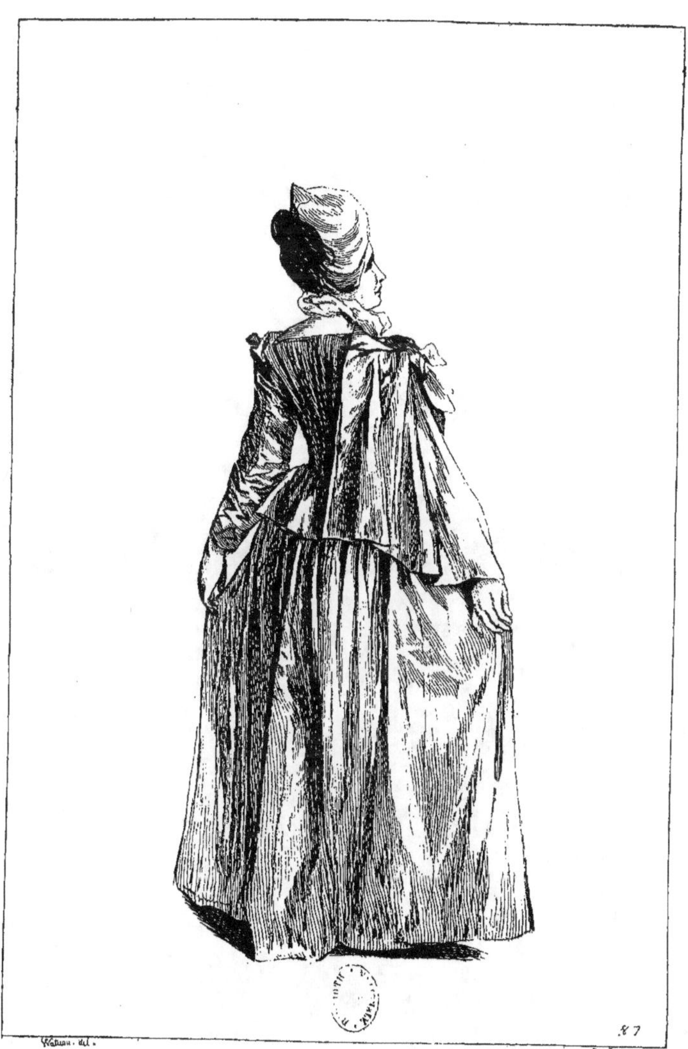
Watteau. del.
B. sc.
87

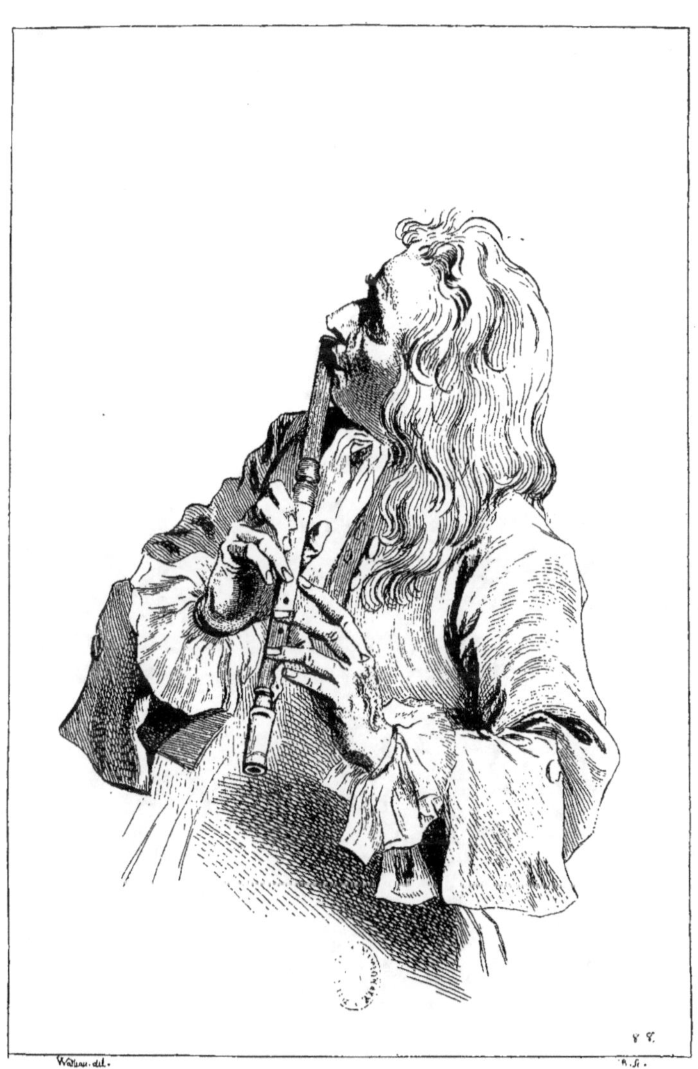

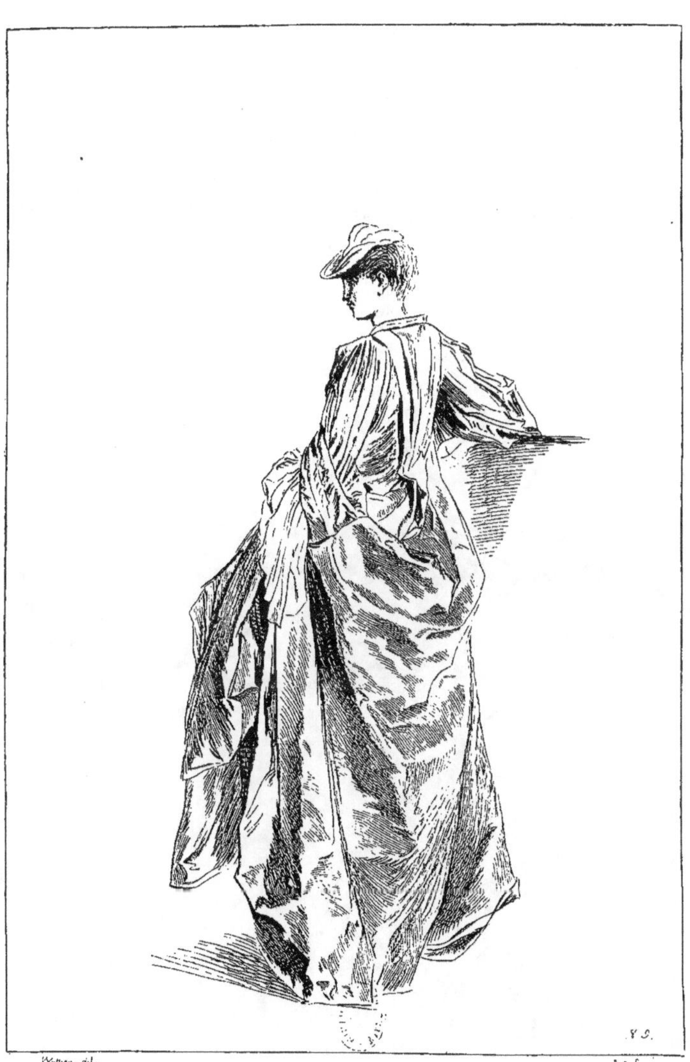

Watteau. del.

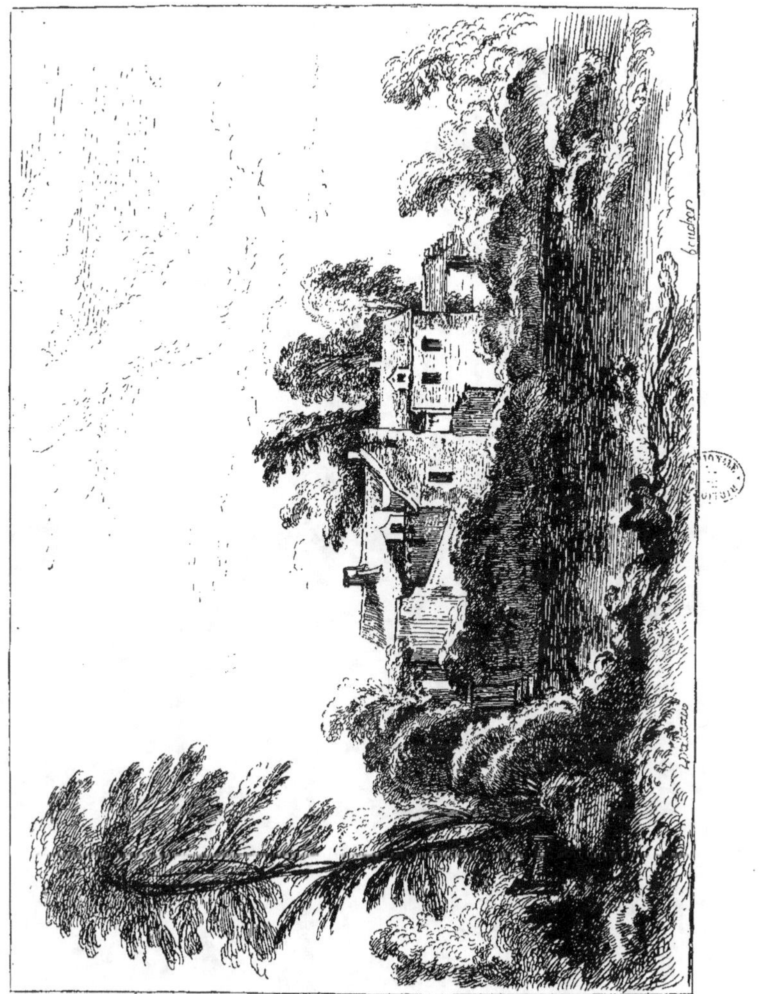

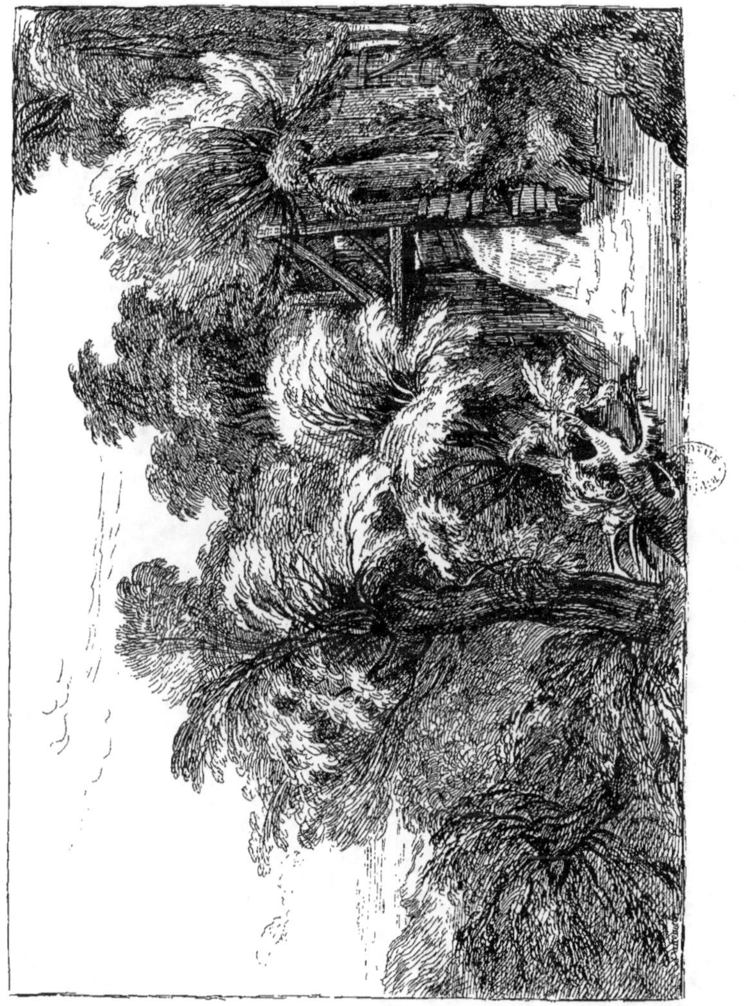

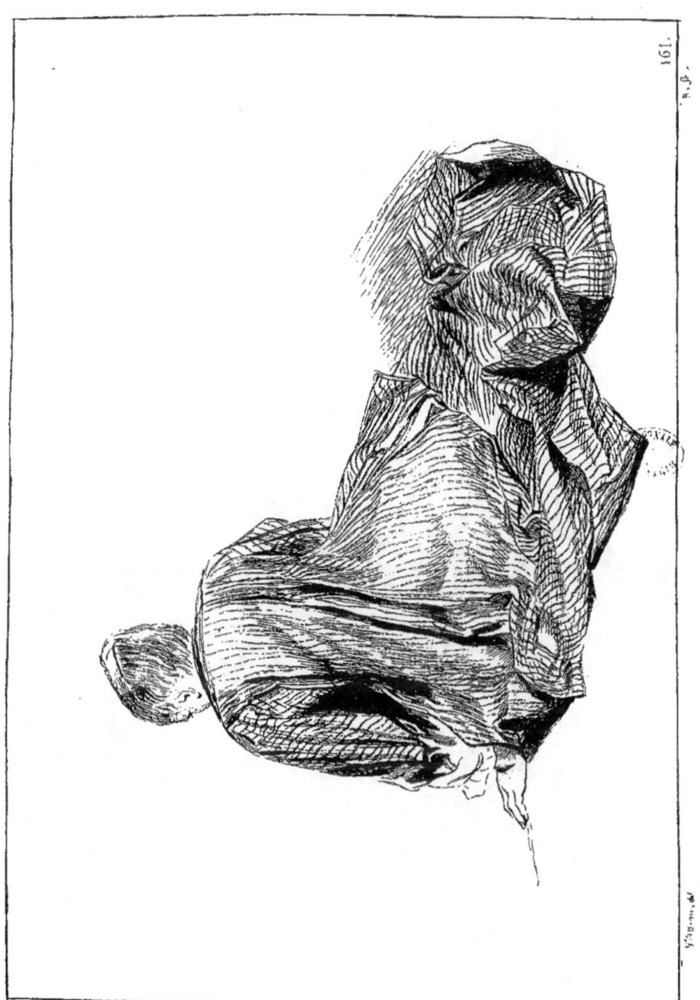

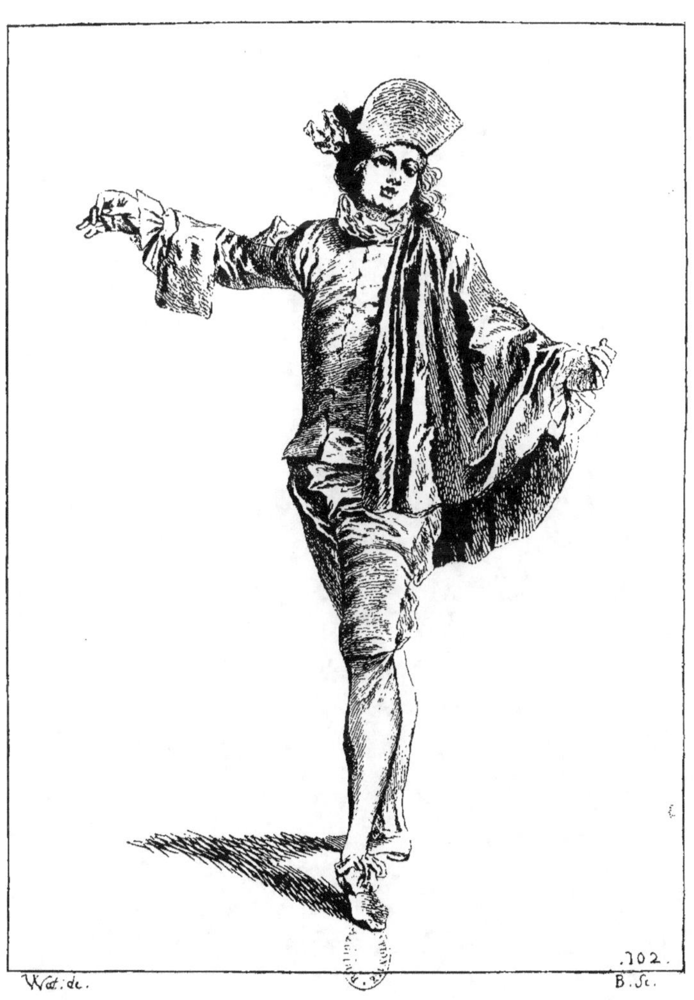

Wat. de.
.102.
B. Sc.

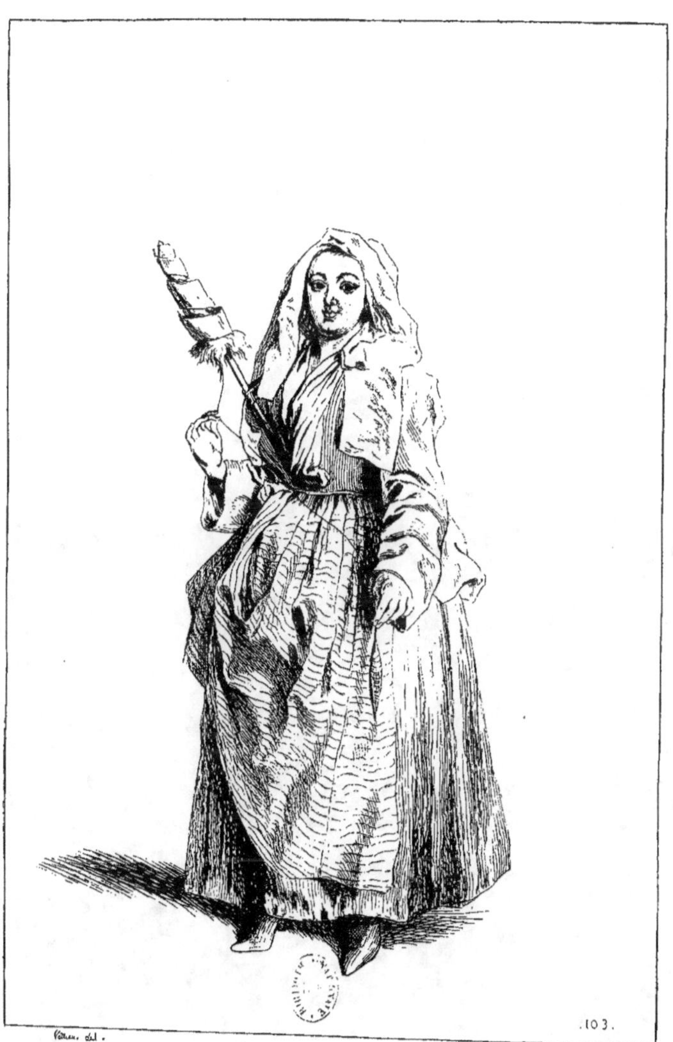

.103.

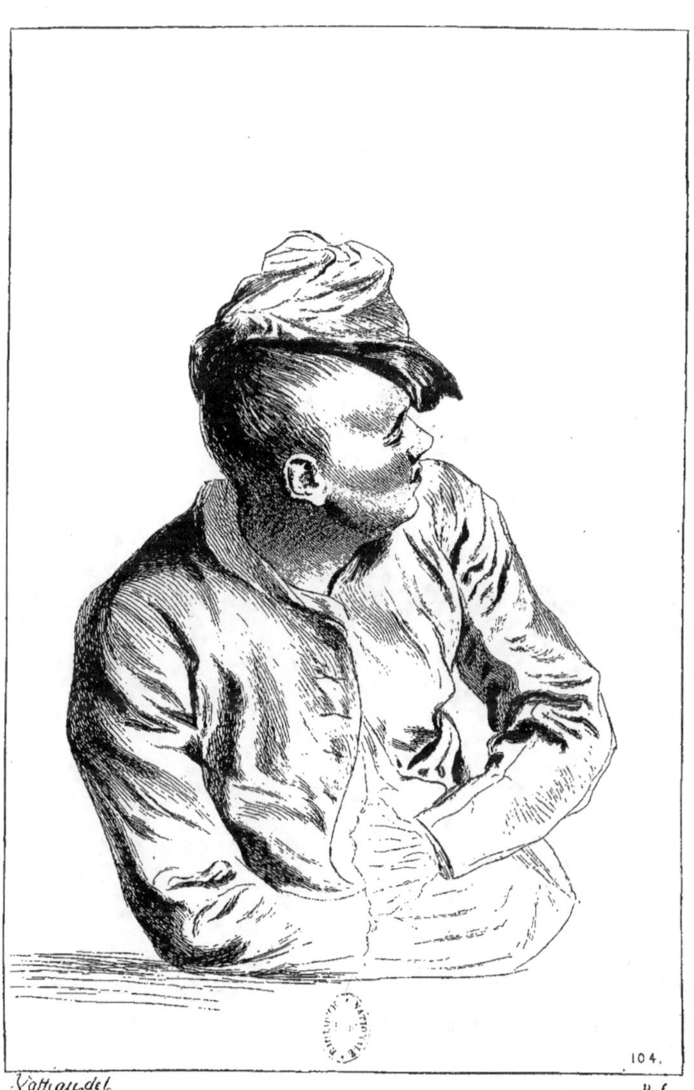

Vatteau del.   B. f.

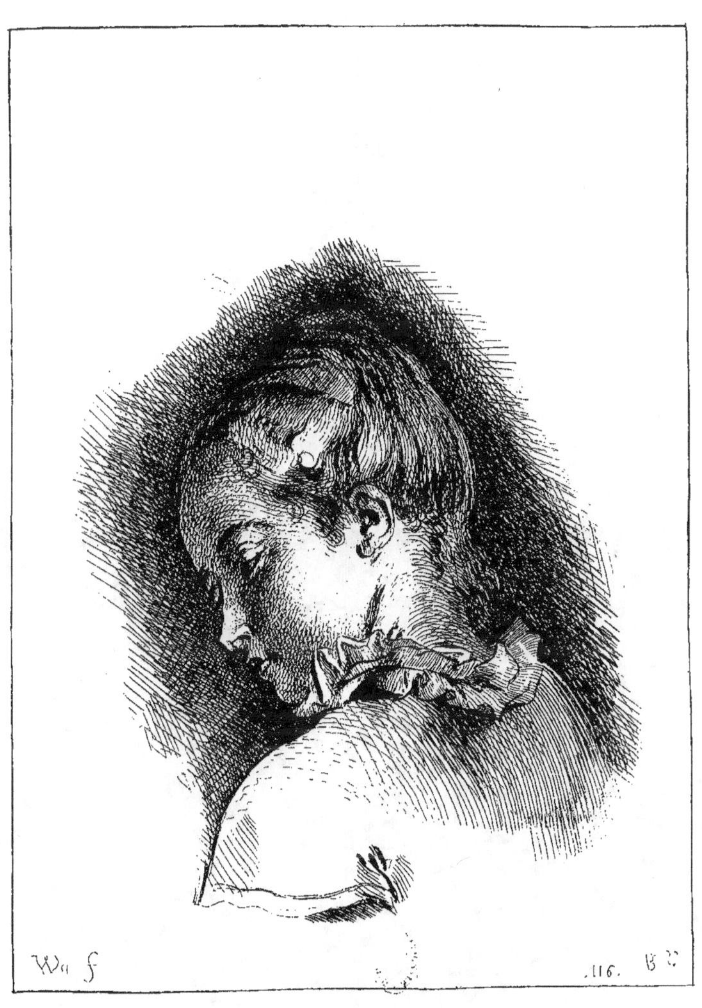

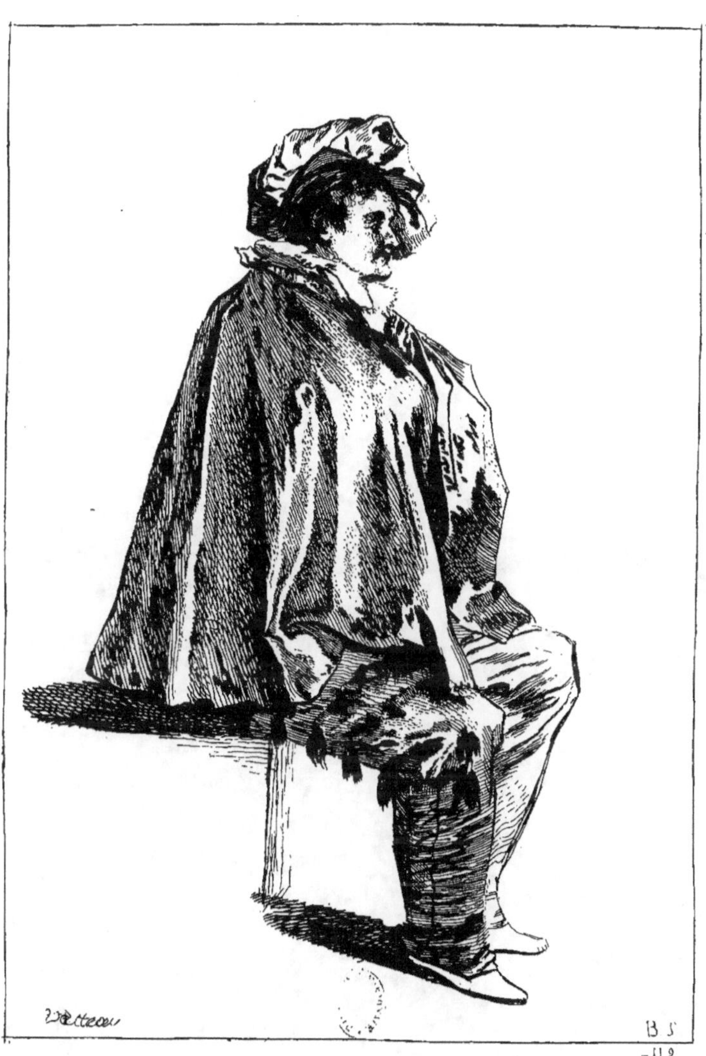
Watteau
B 5
119

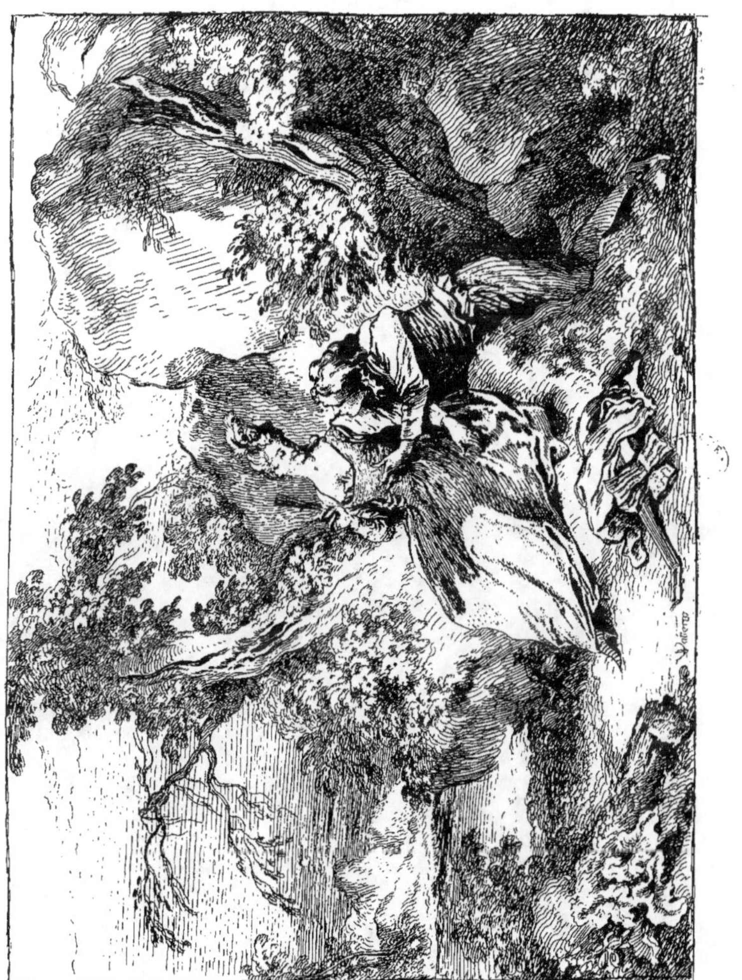

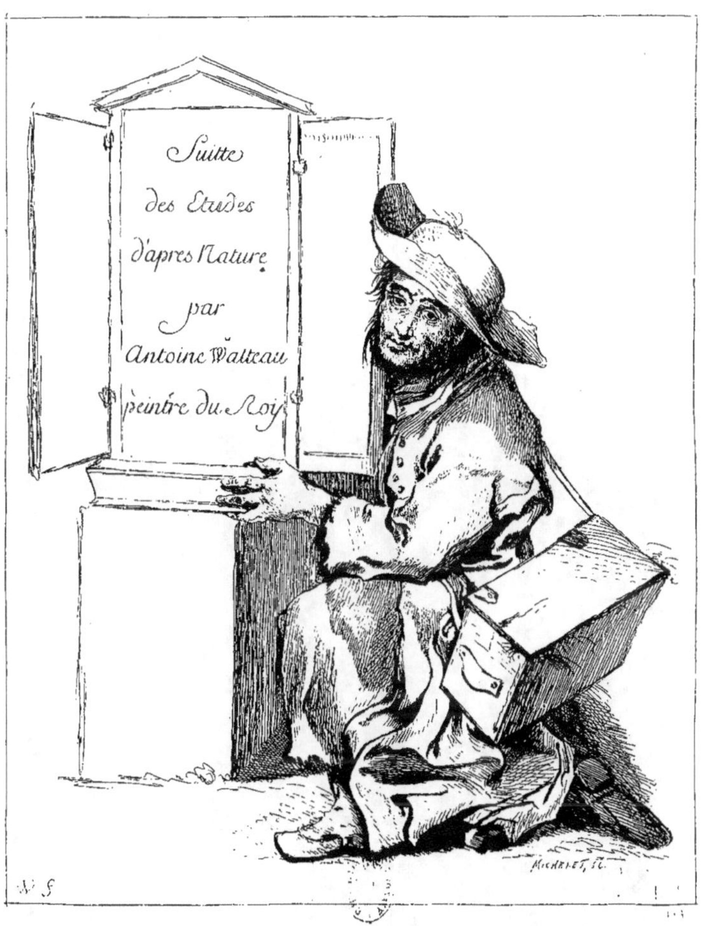
Suitte
des Etudes
d'apres Nature
par
Antoine Watteau
peintre du Roy

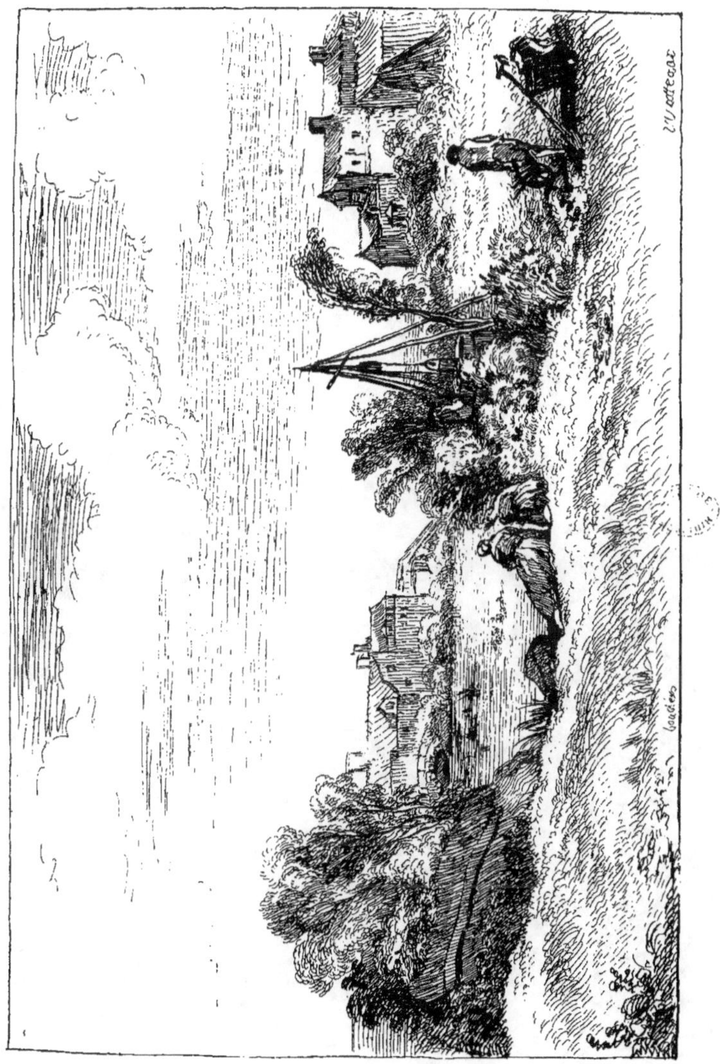

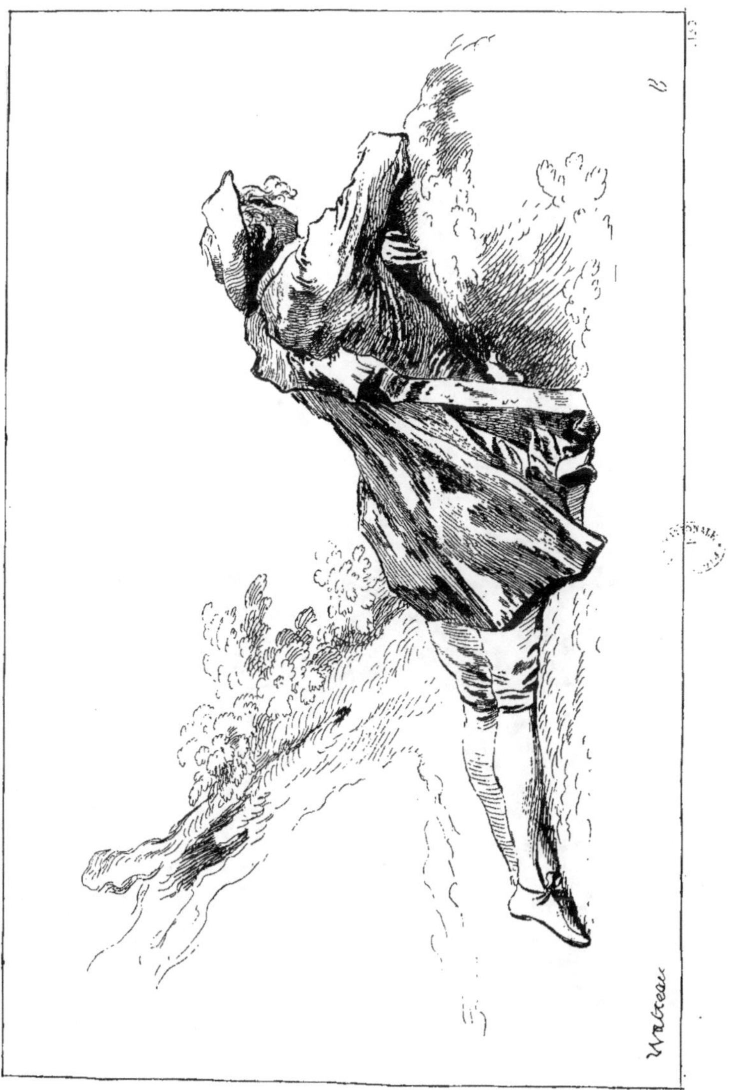

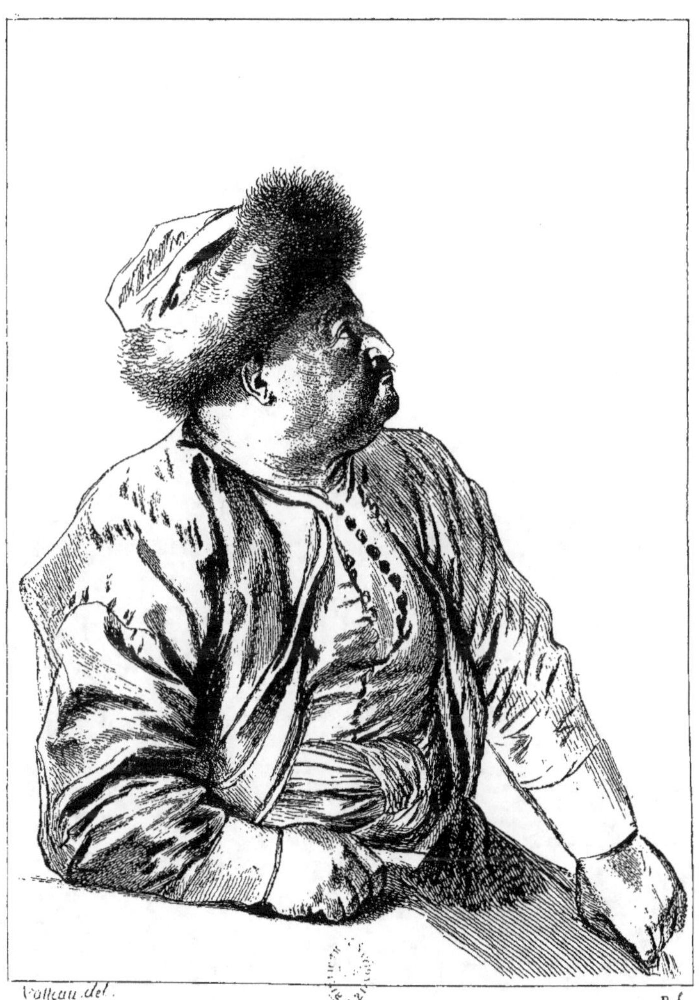
Vatteau del.
B. f.

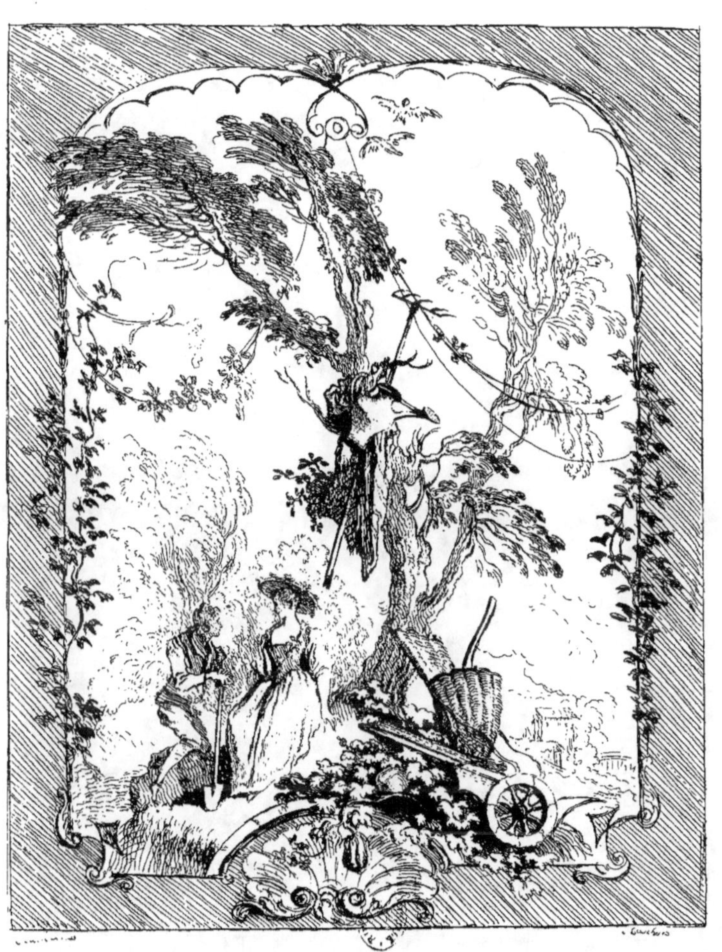

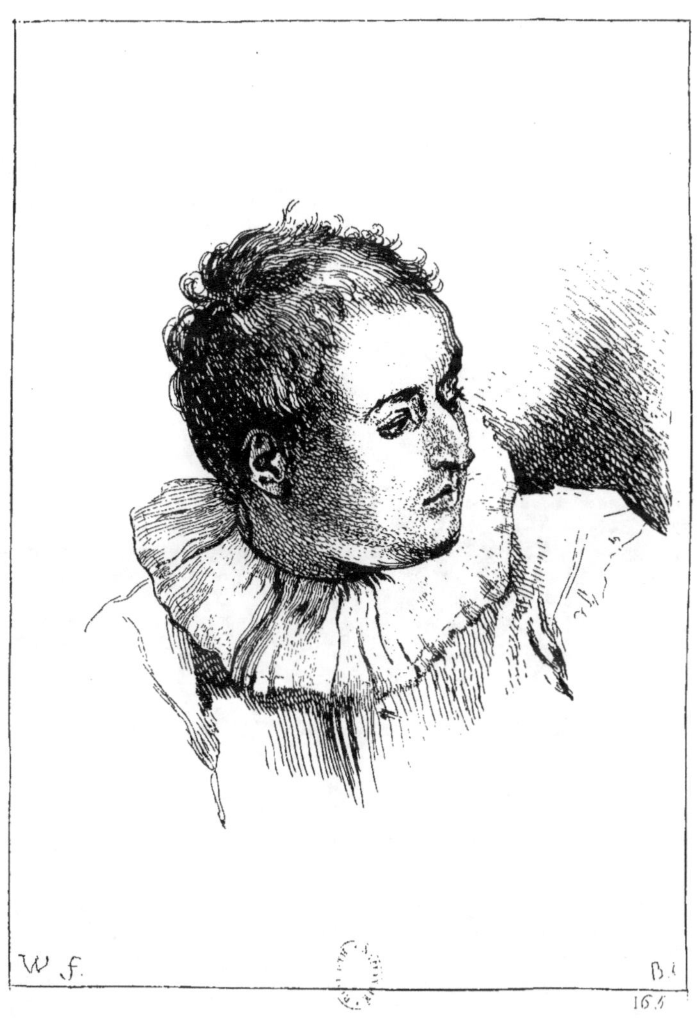

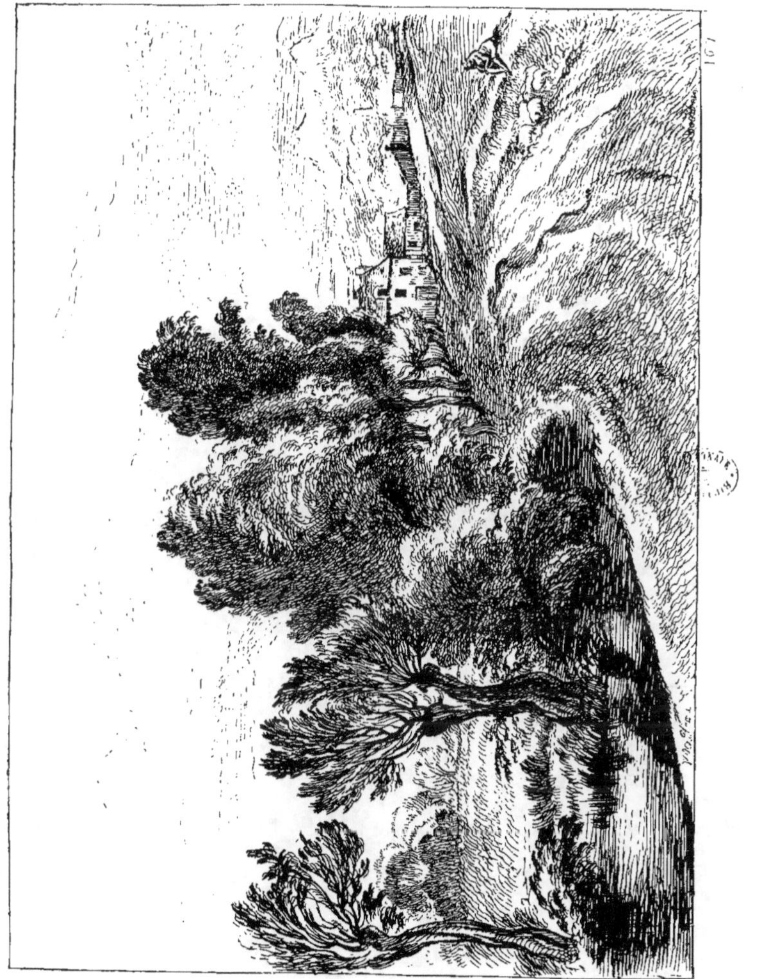

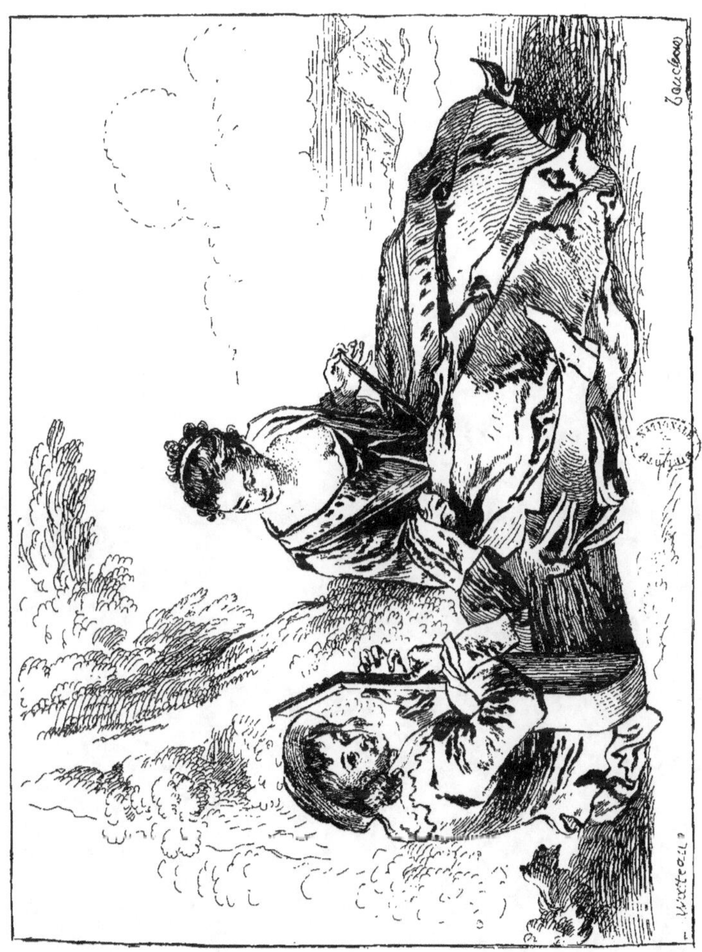

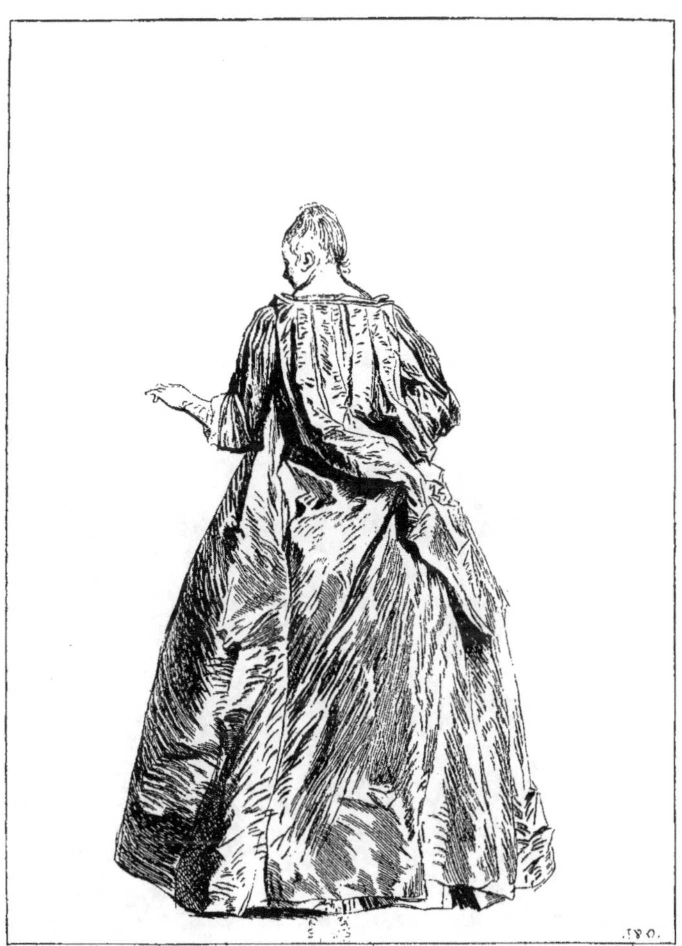

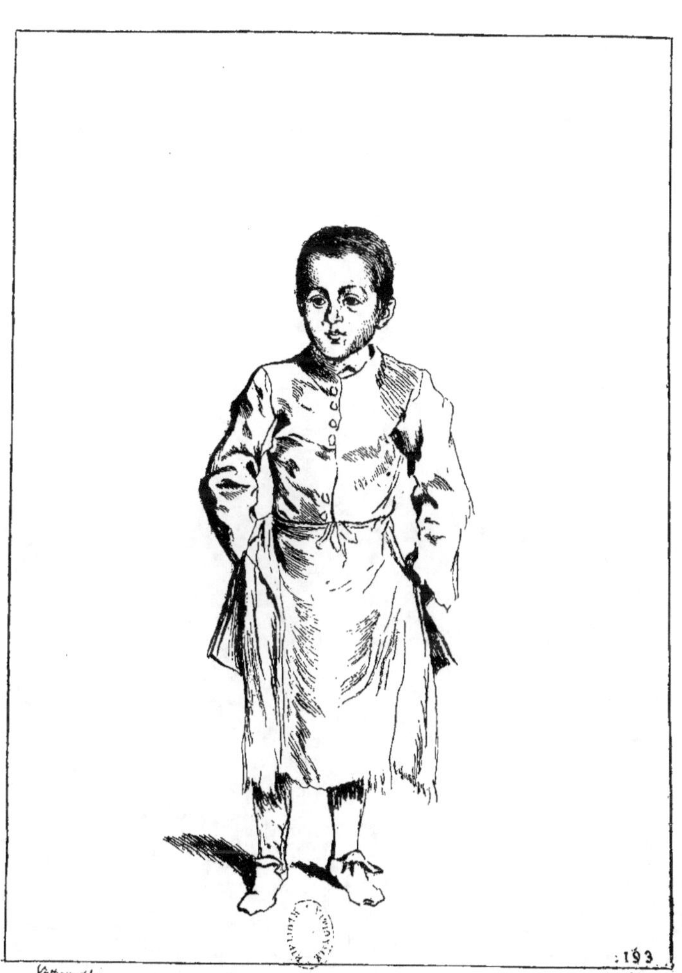

Vatteau. del.
: 193
B. f.

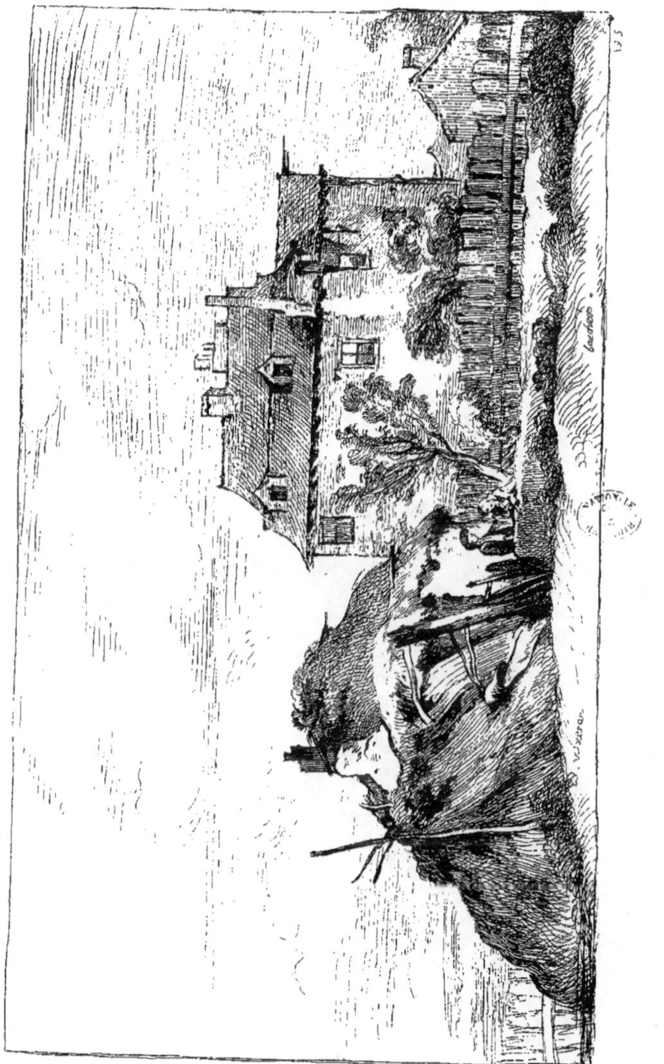

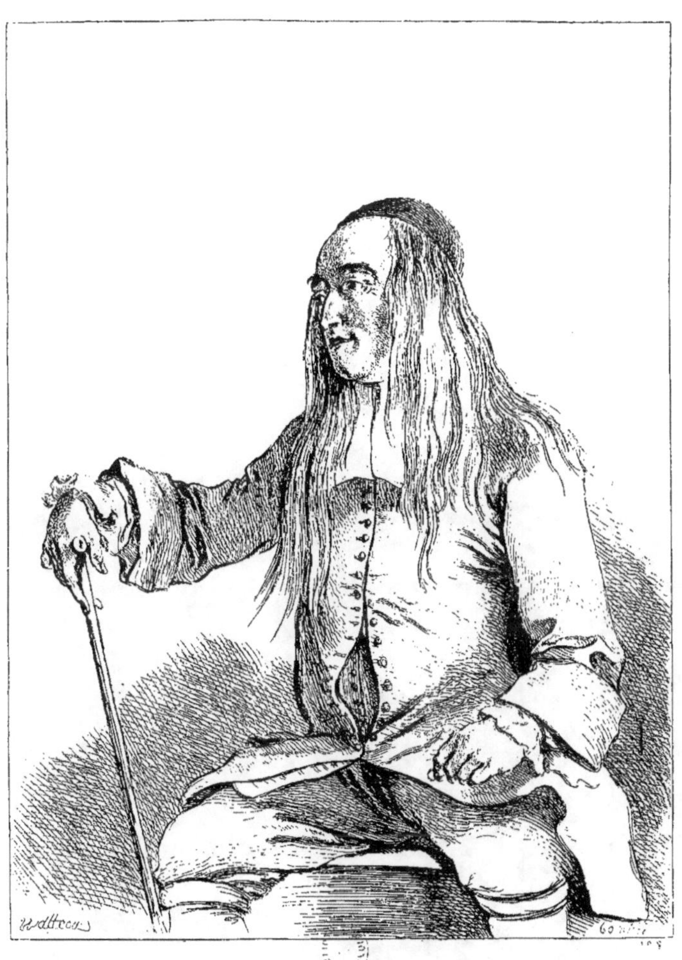

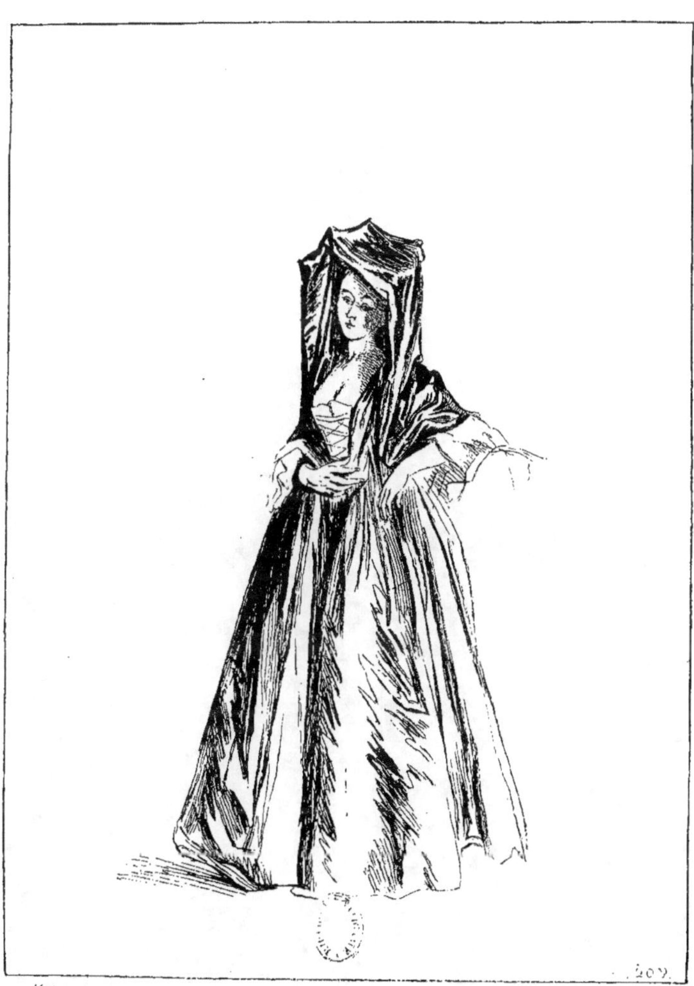
Watteau. del.
B.j.

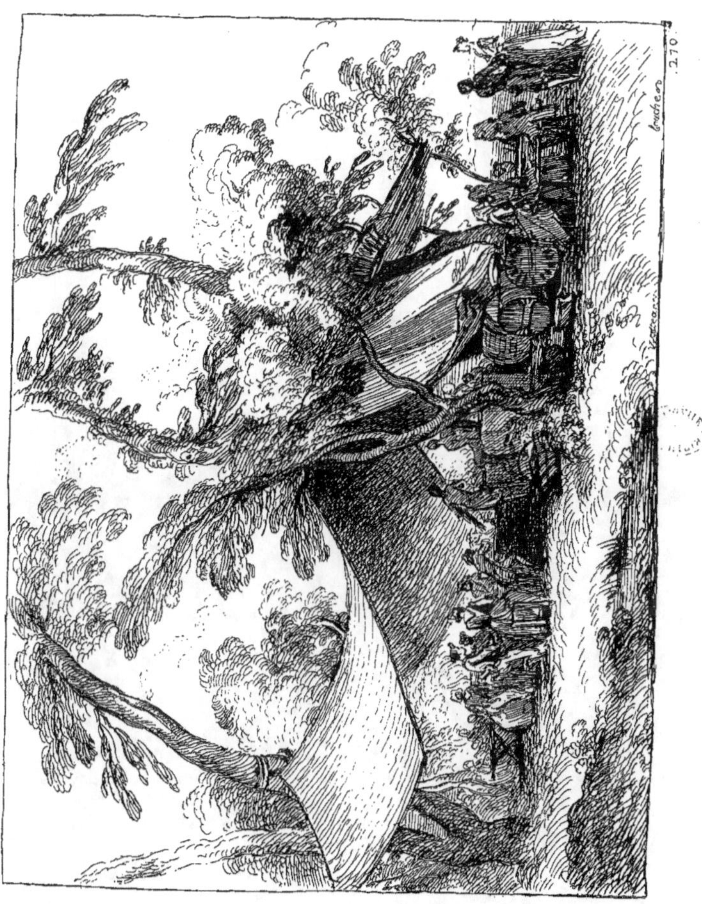

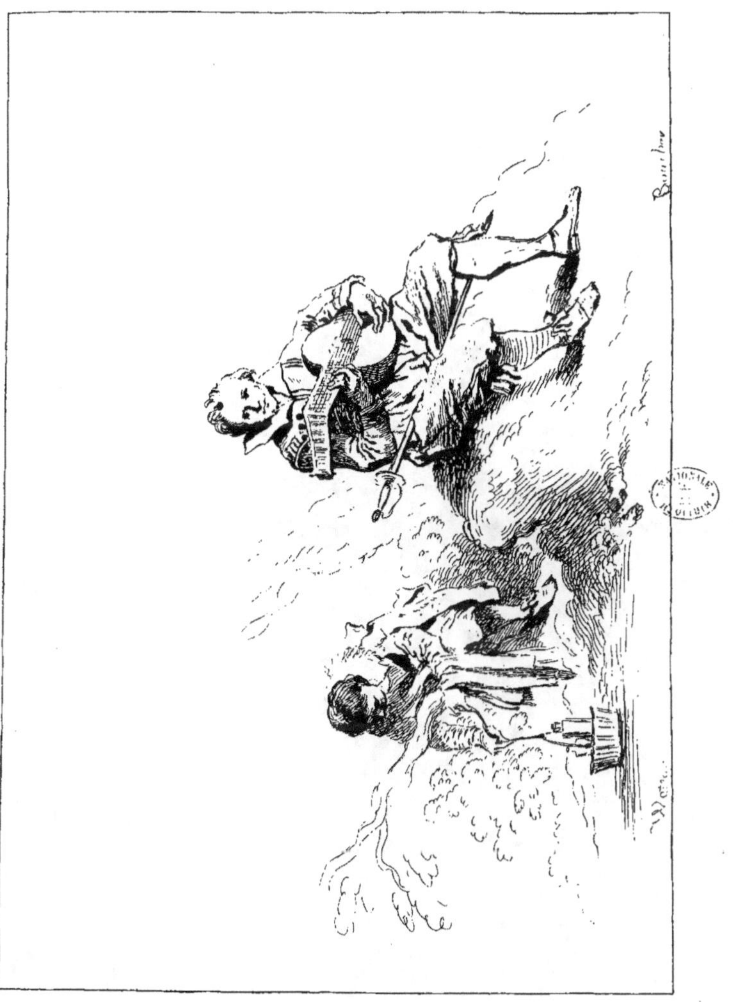

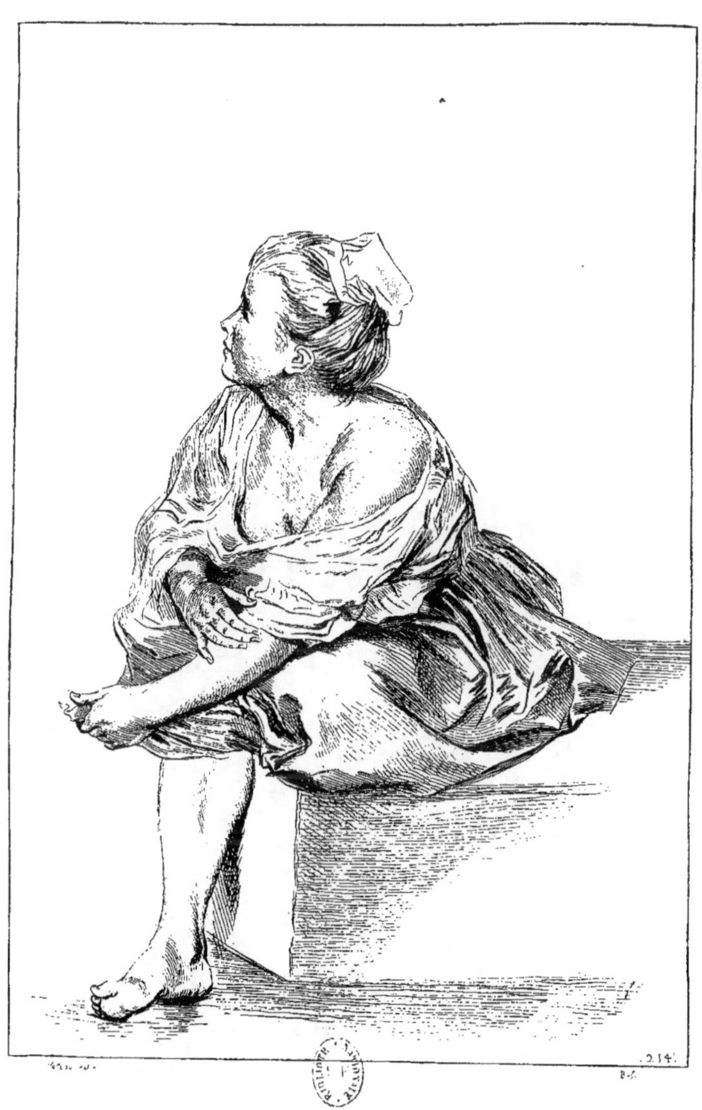

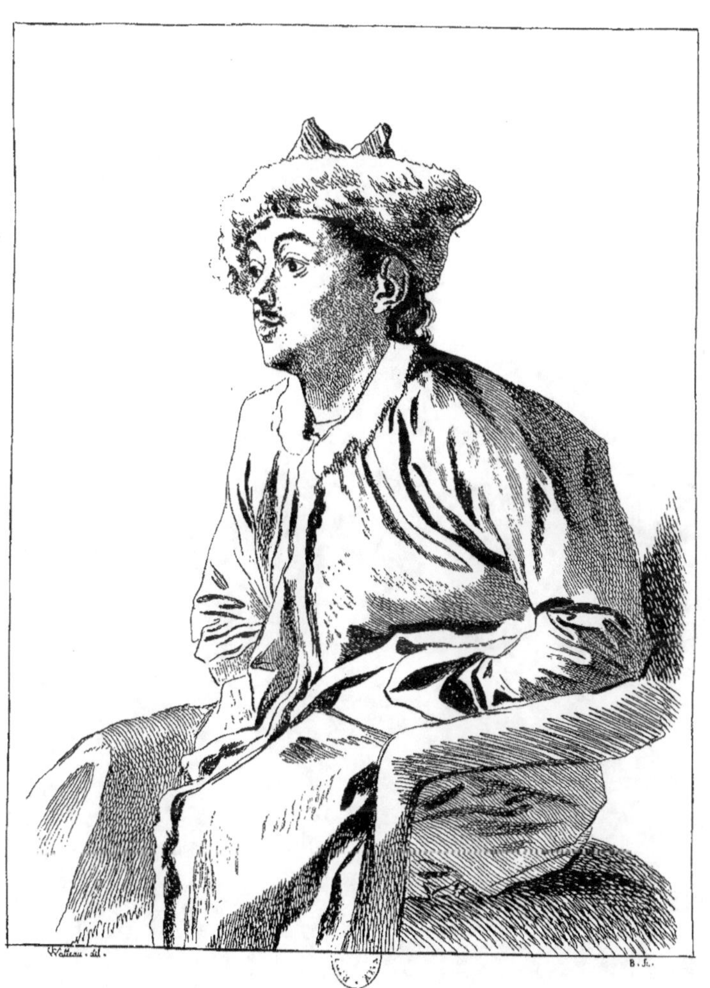

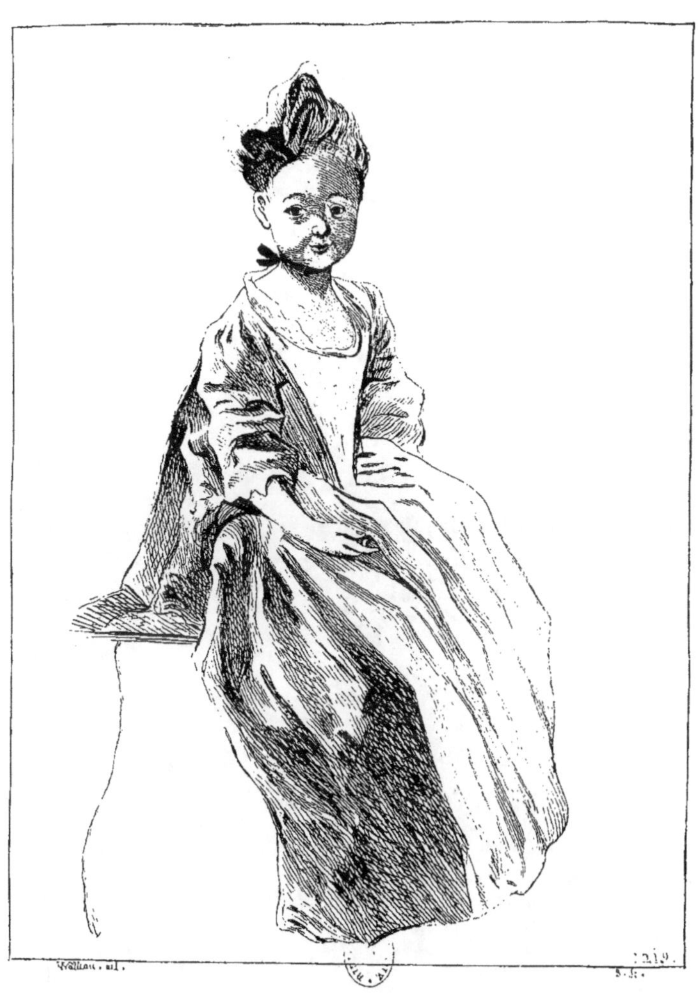

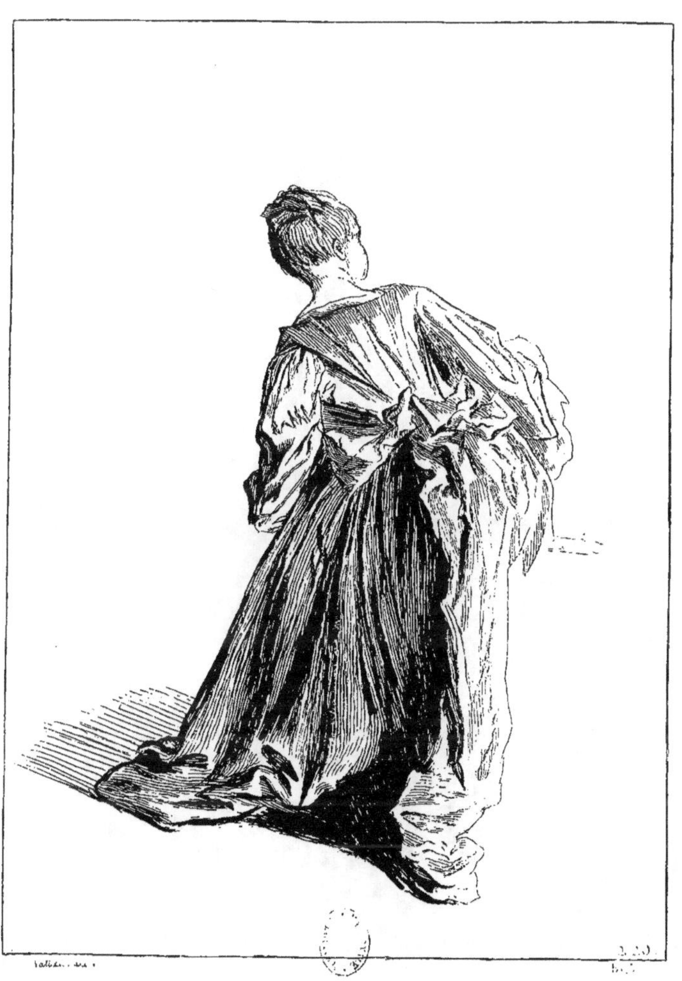

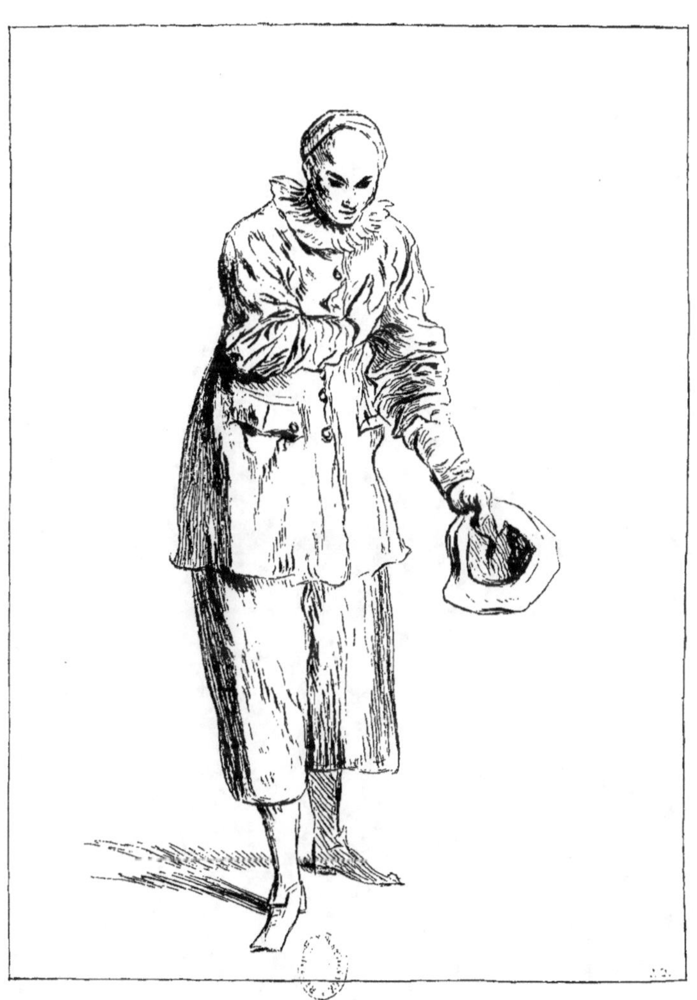

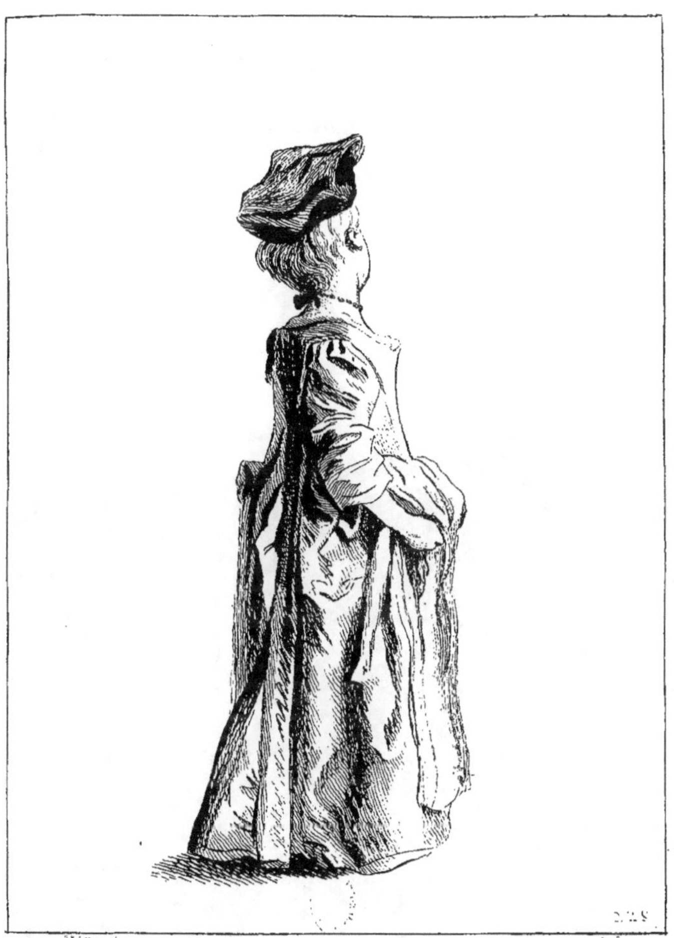

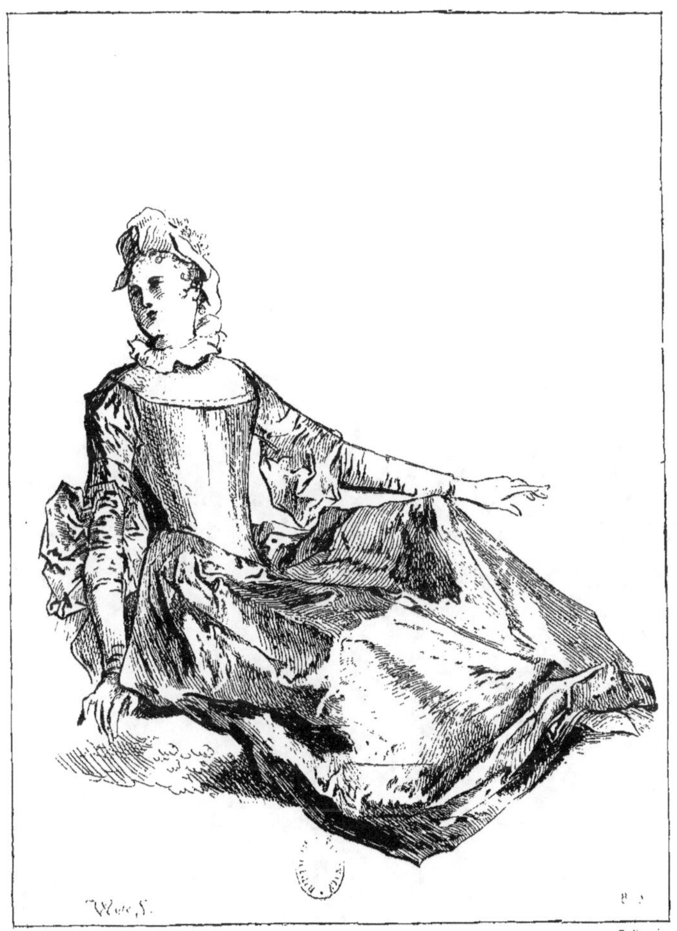

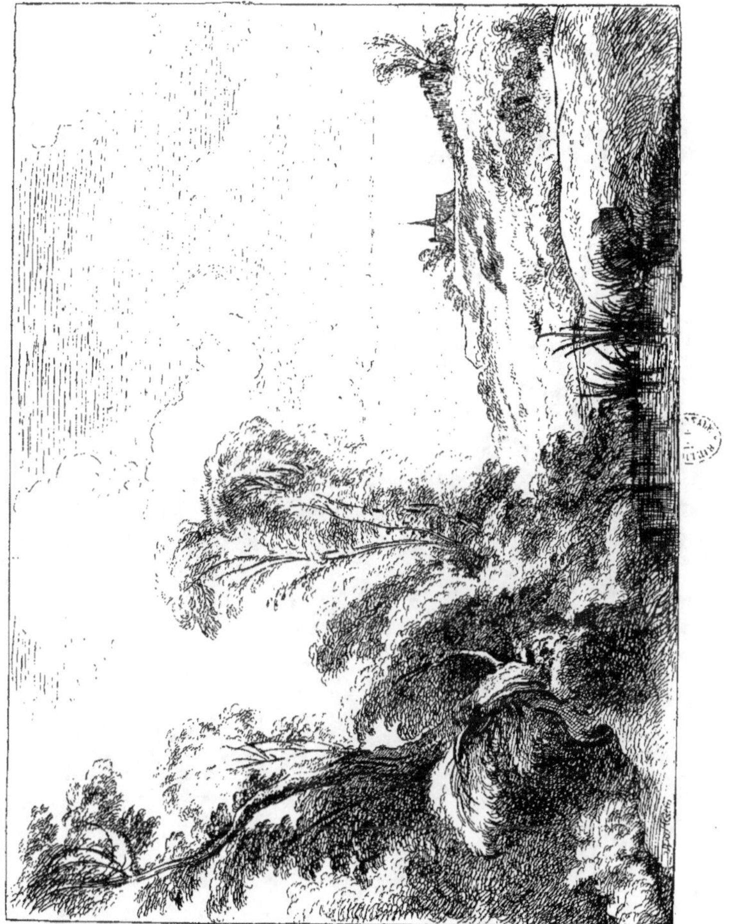

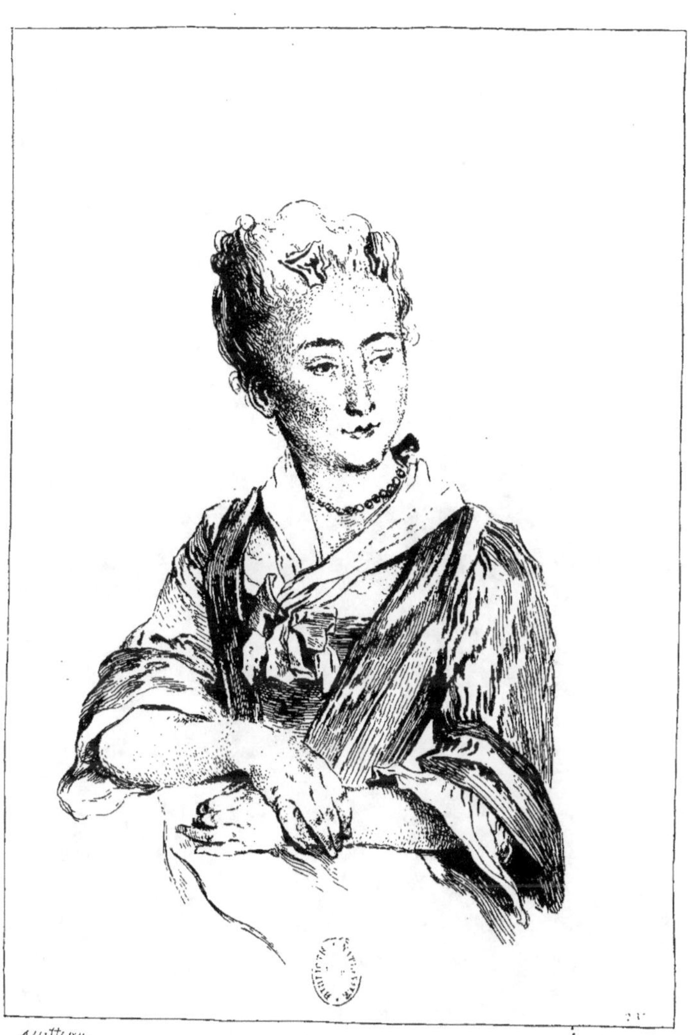

Watteau

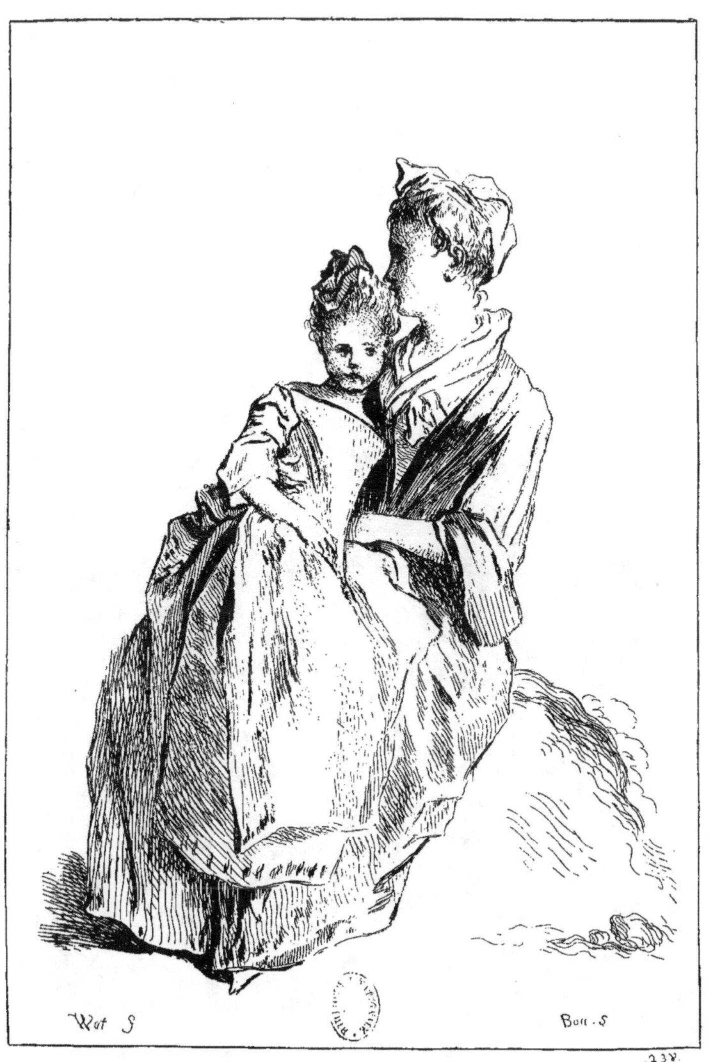
Wat S
Bou. S
.238.

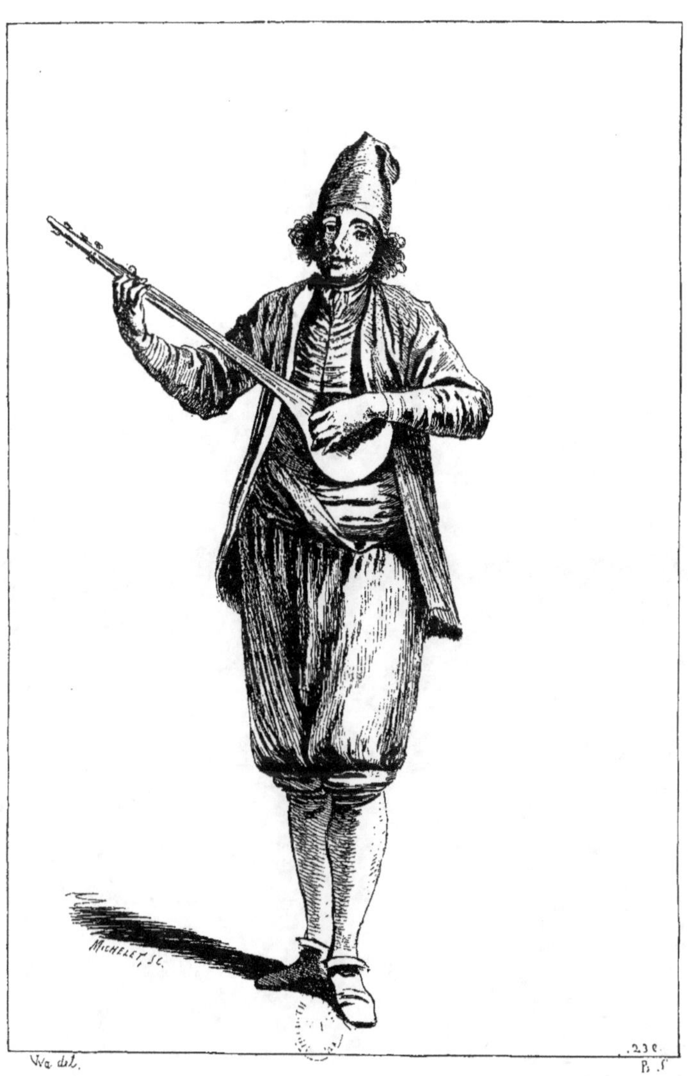

Michelet, Sc.
Wa del.
P. S

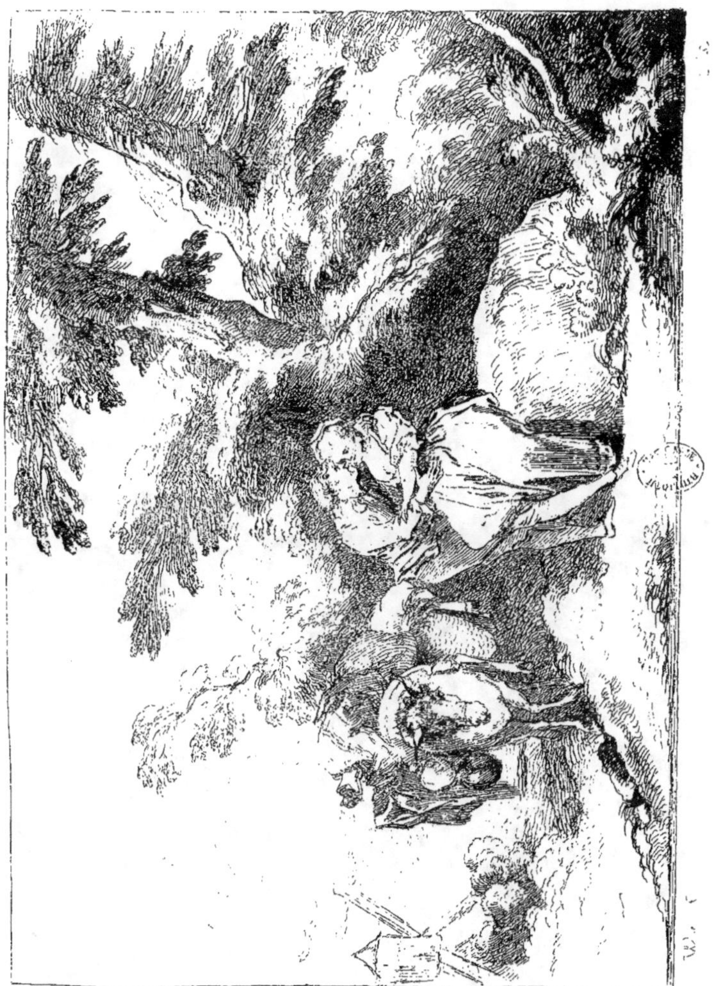

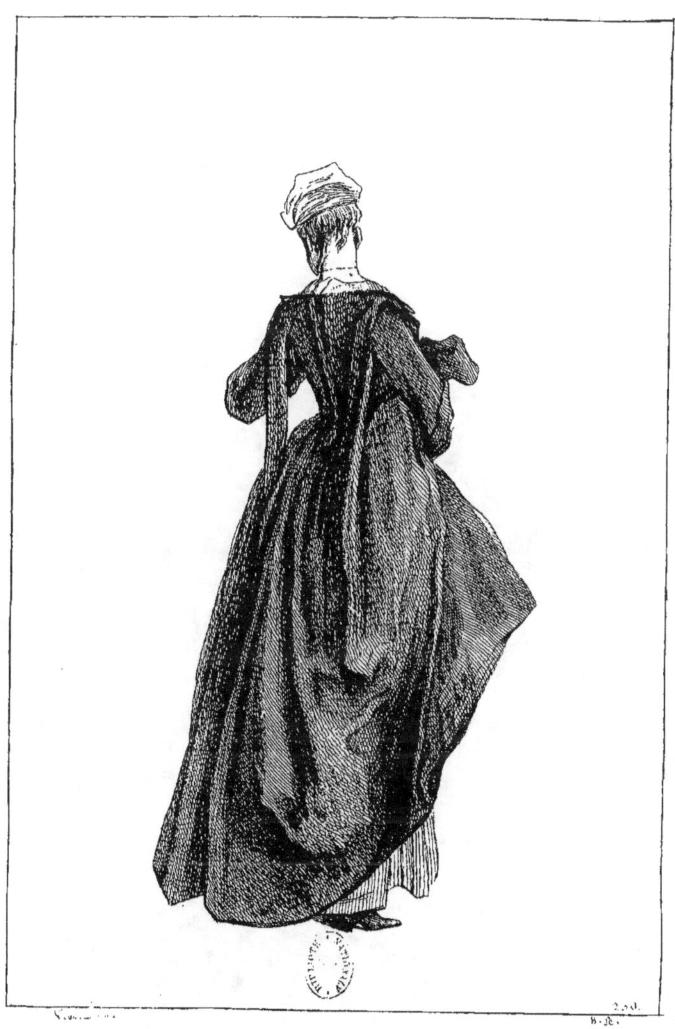

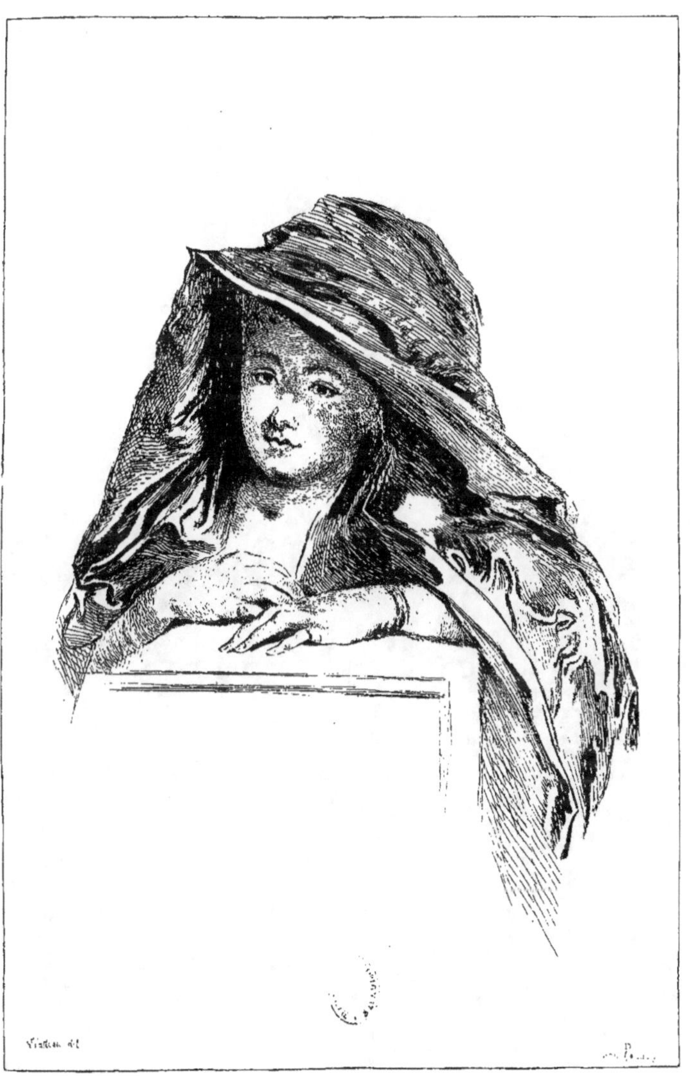

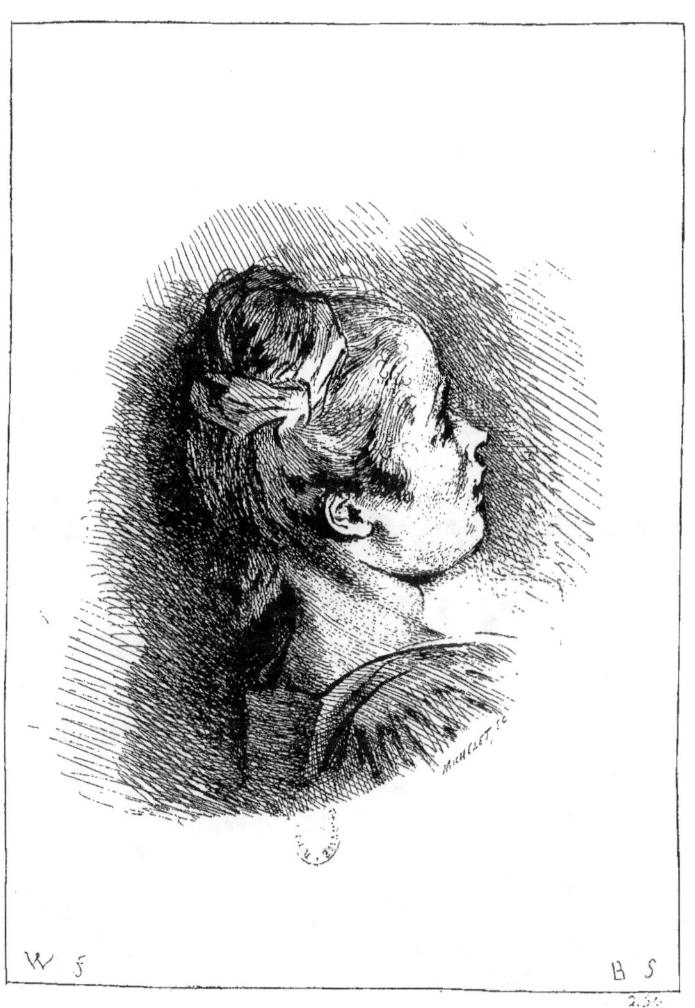

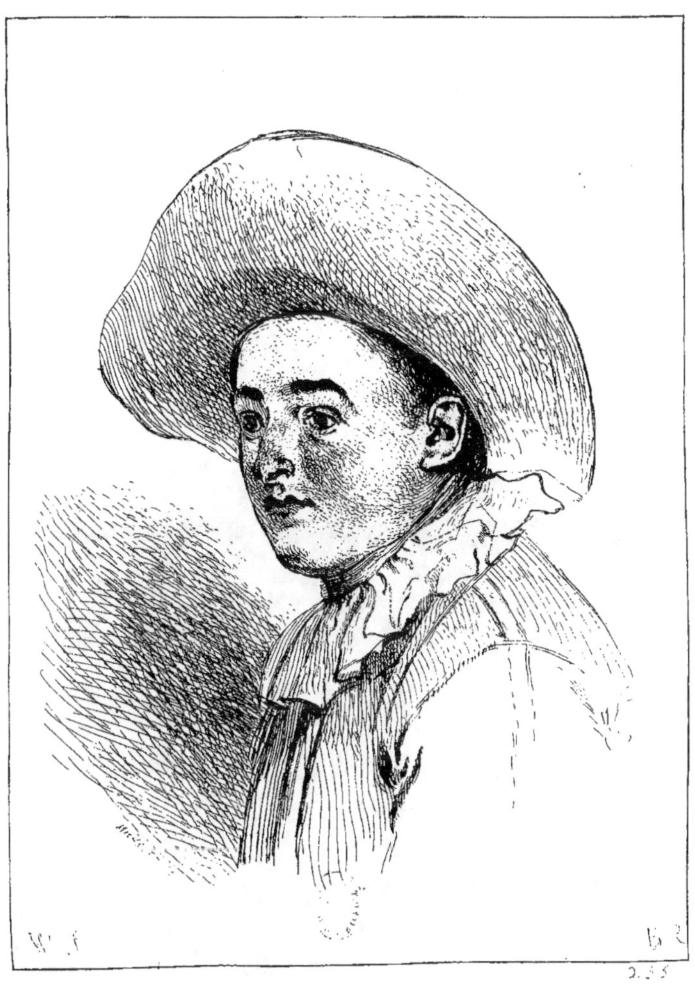

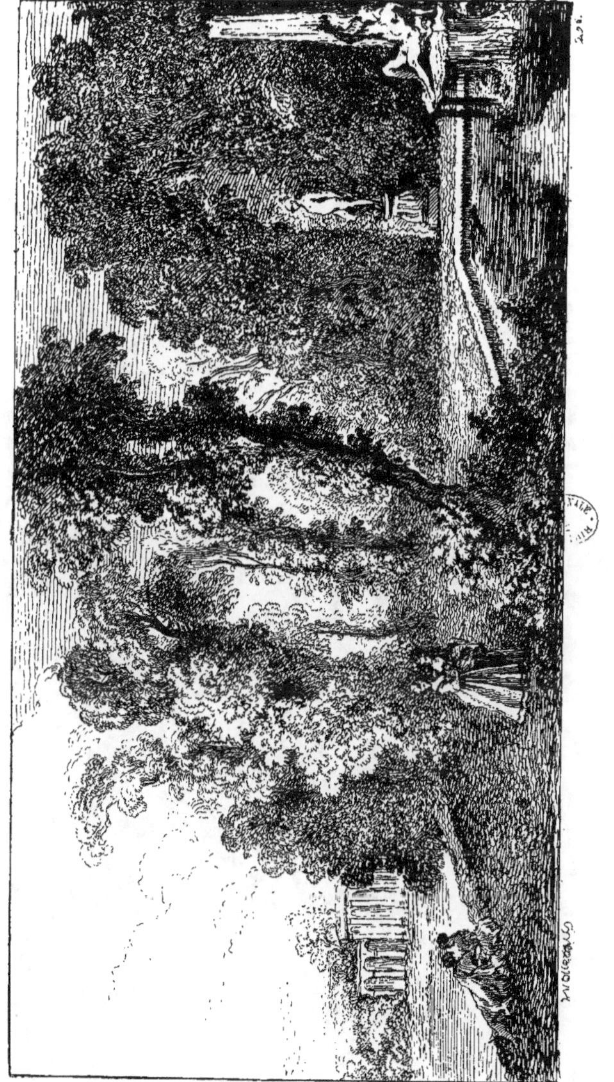

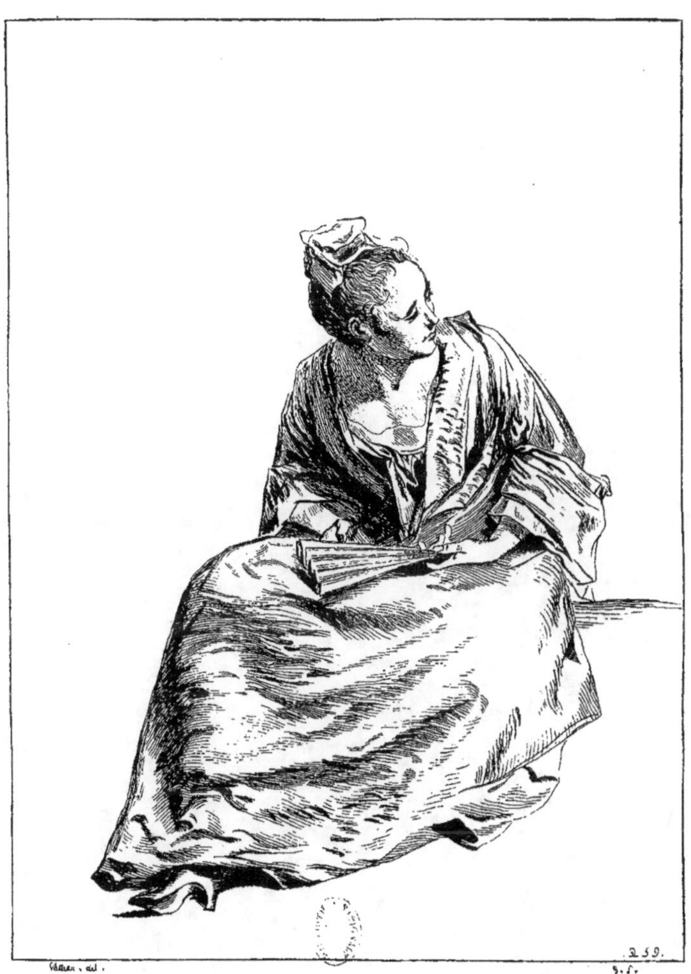
Pater. del.
259.
g. s.

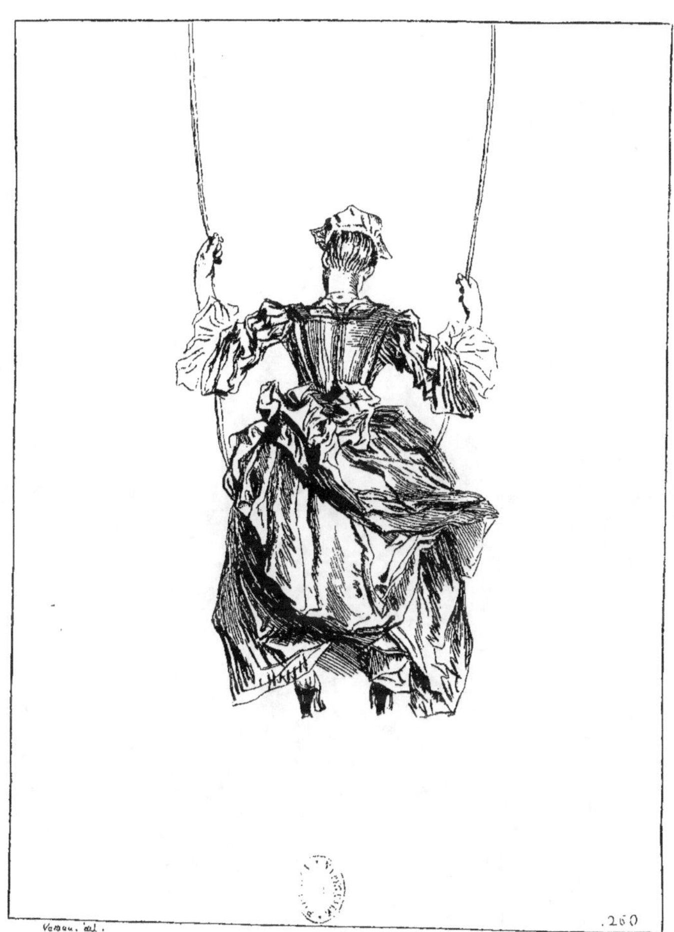

Vatteau. del.
.260

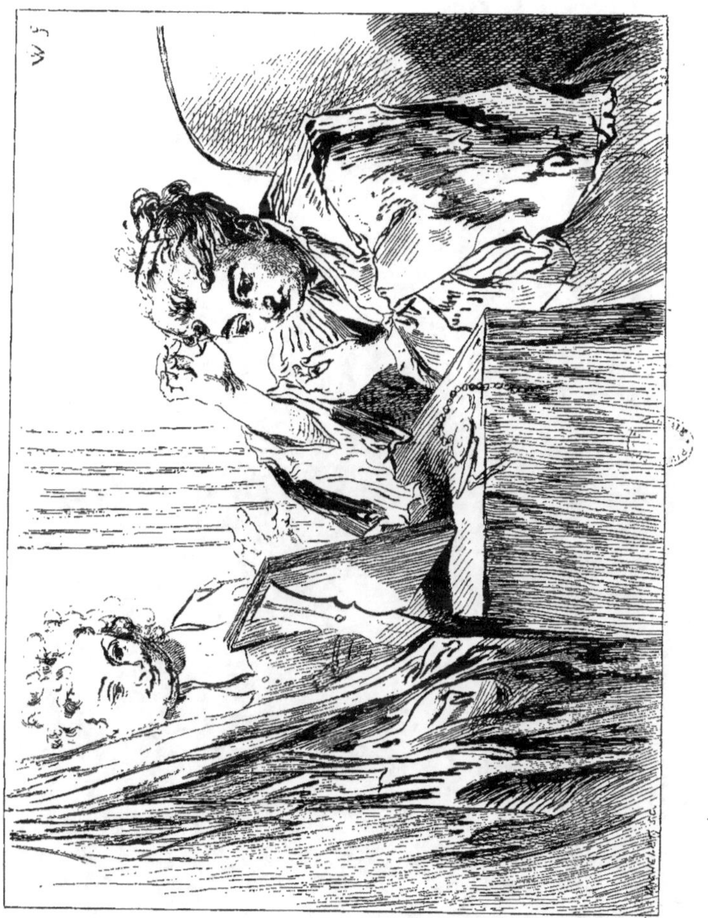

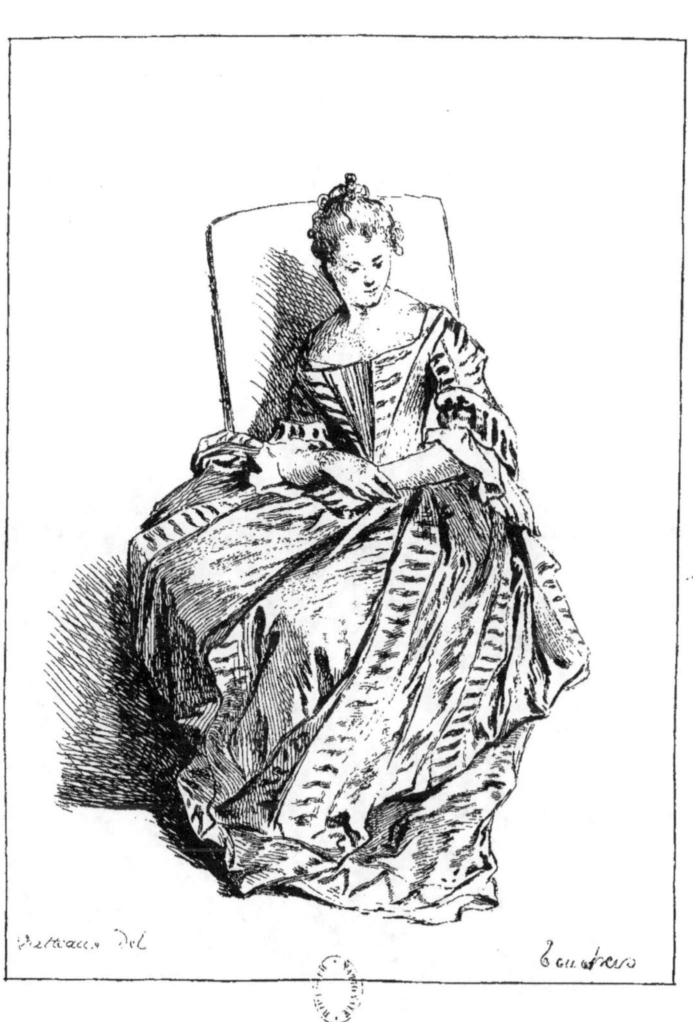

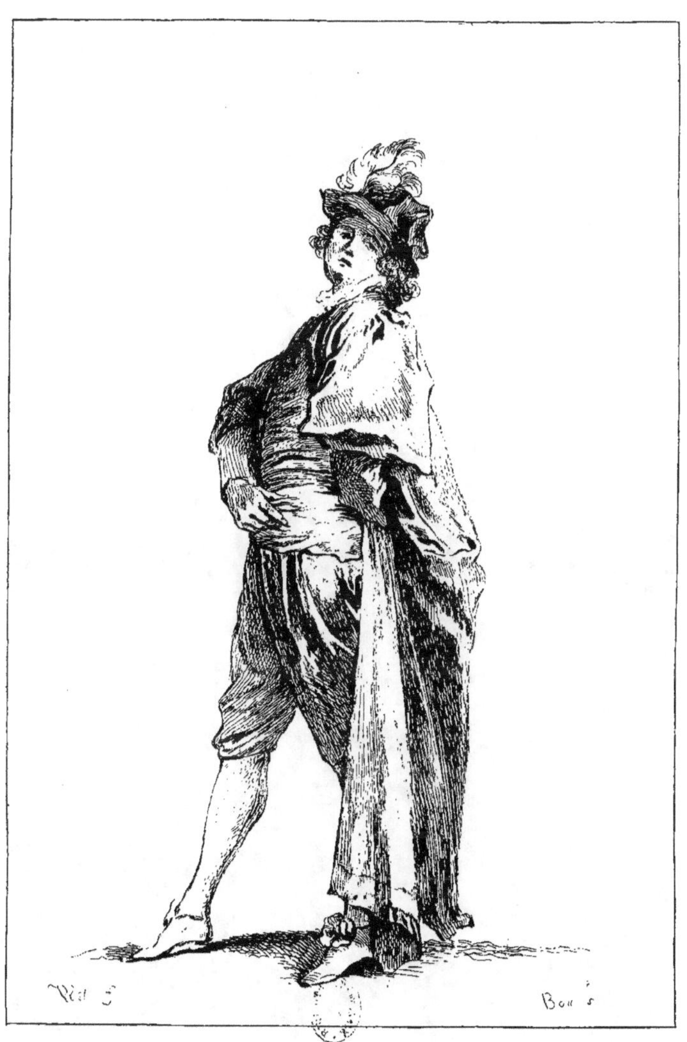

Wat. J
Boi s

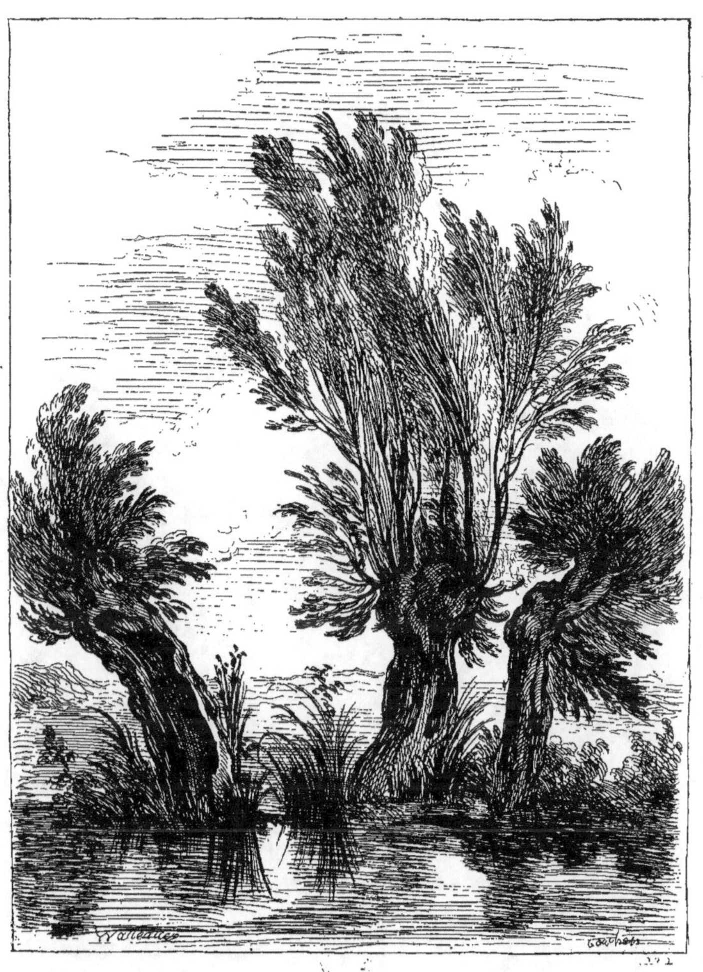

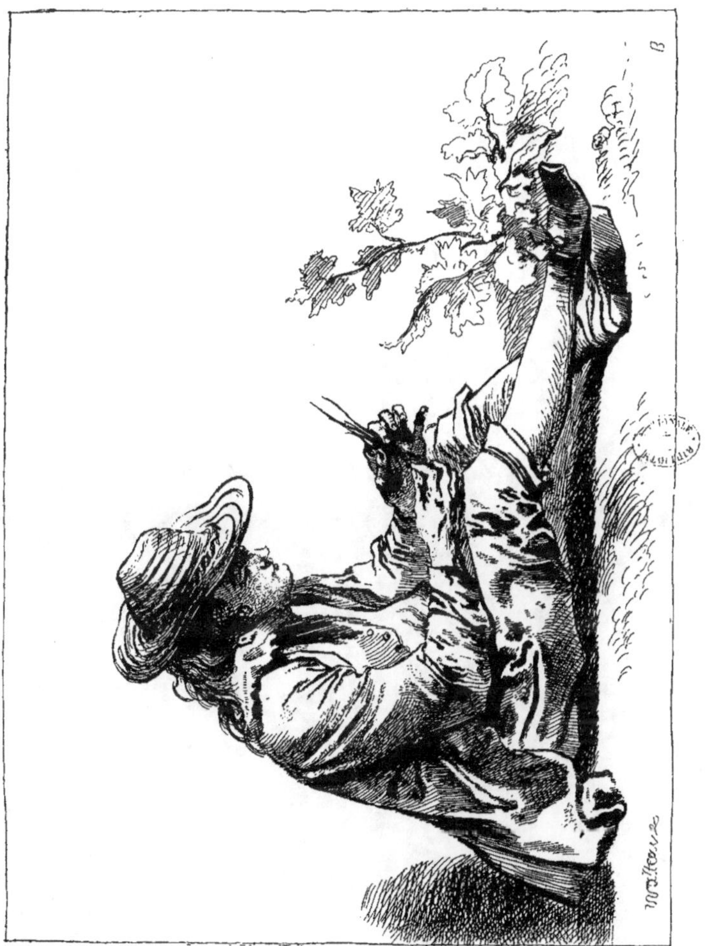

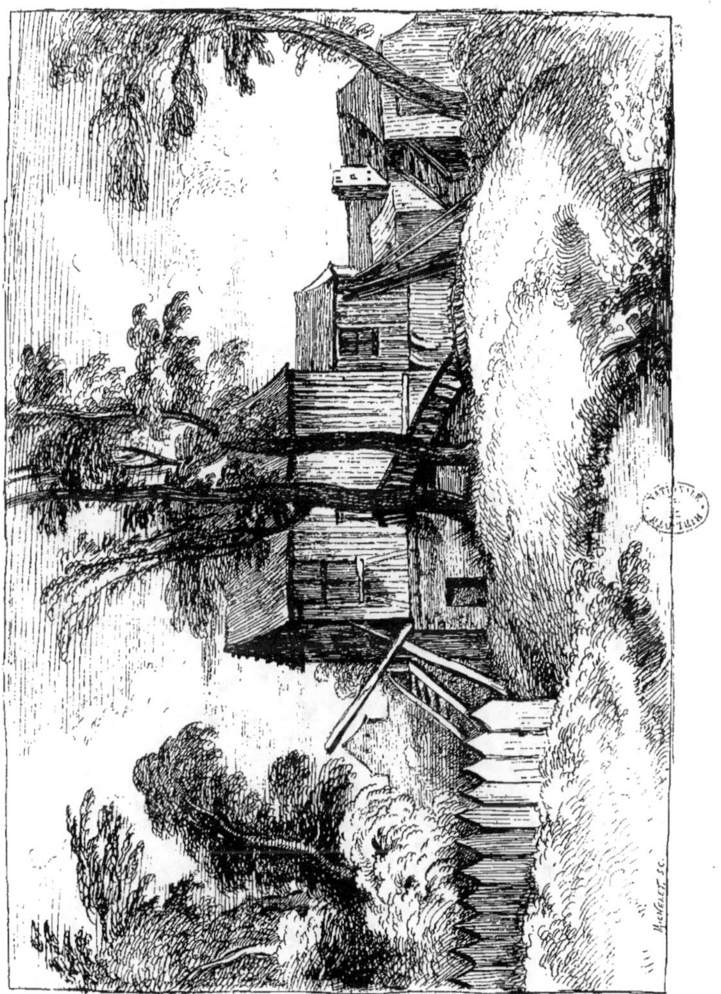

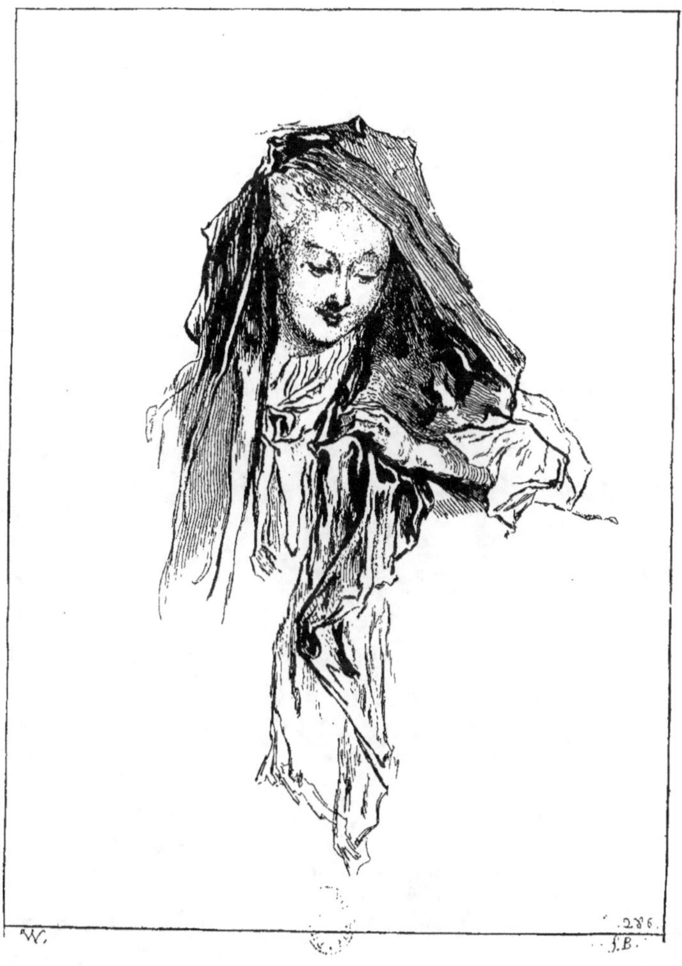

286

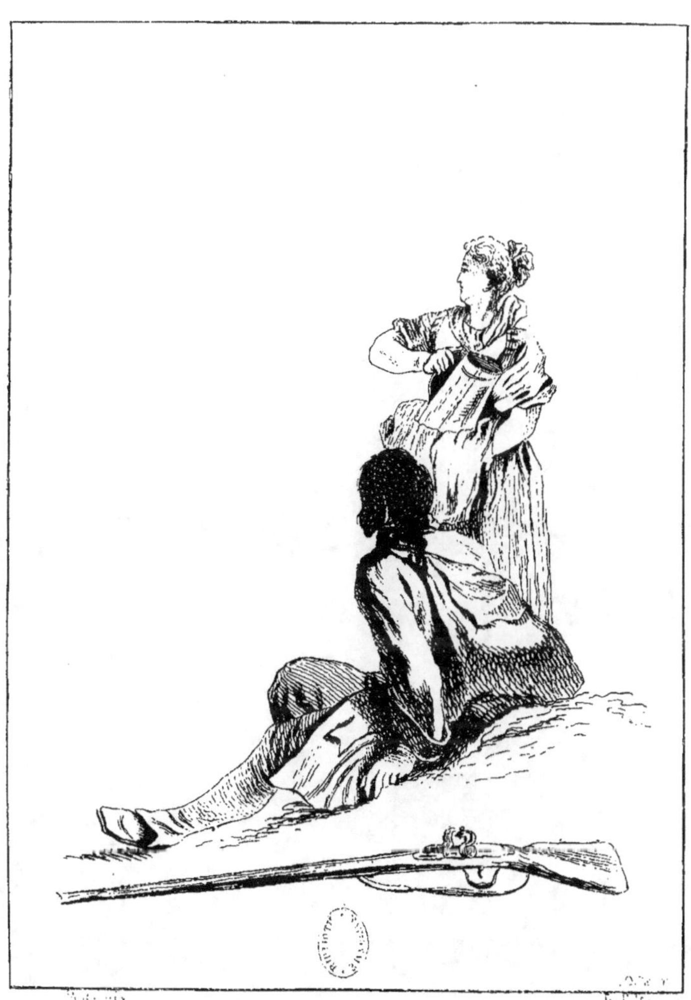

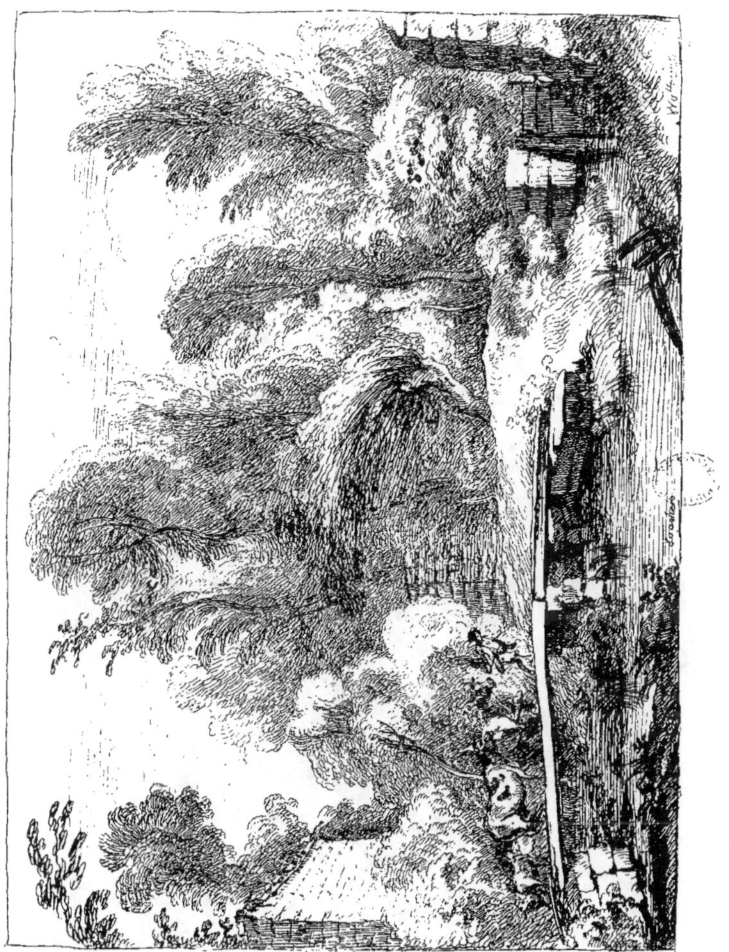

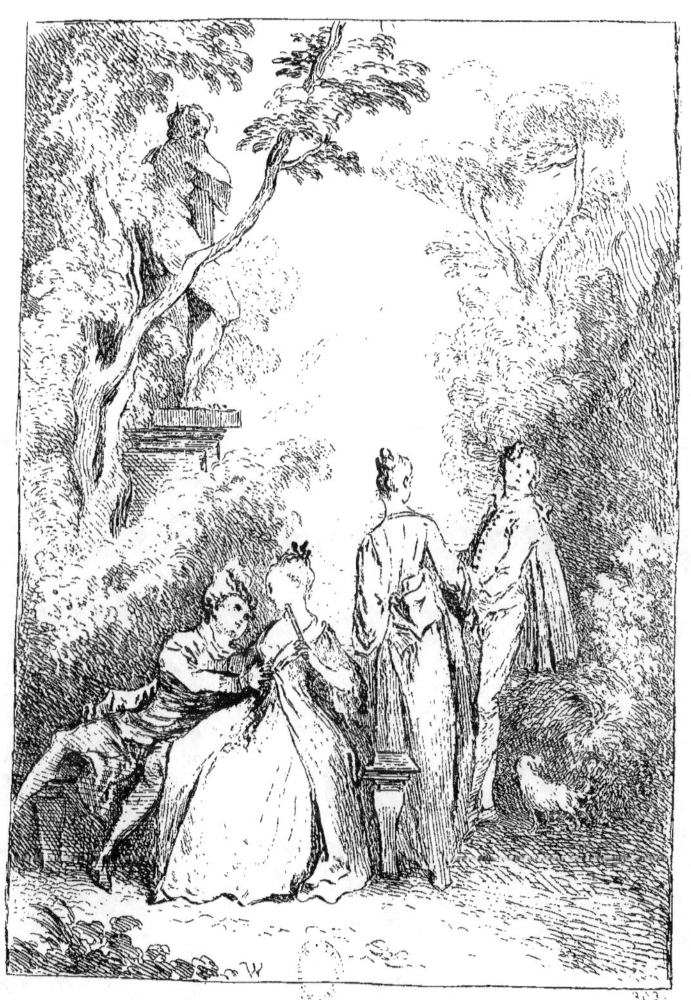

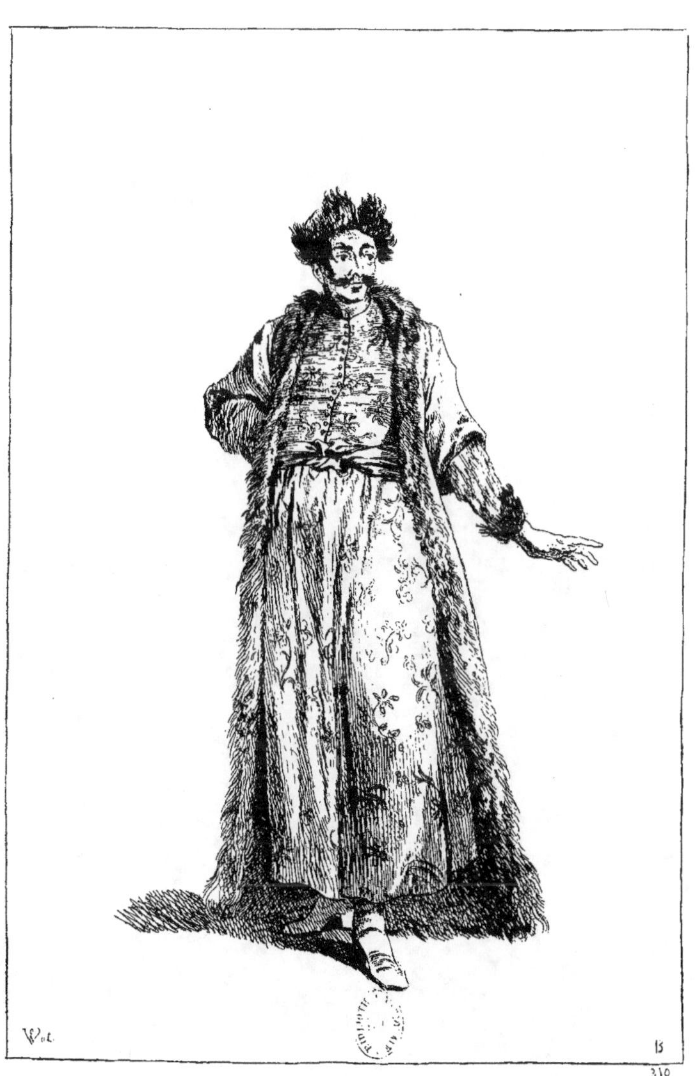

Wol.
15
310

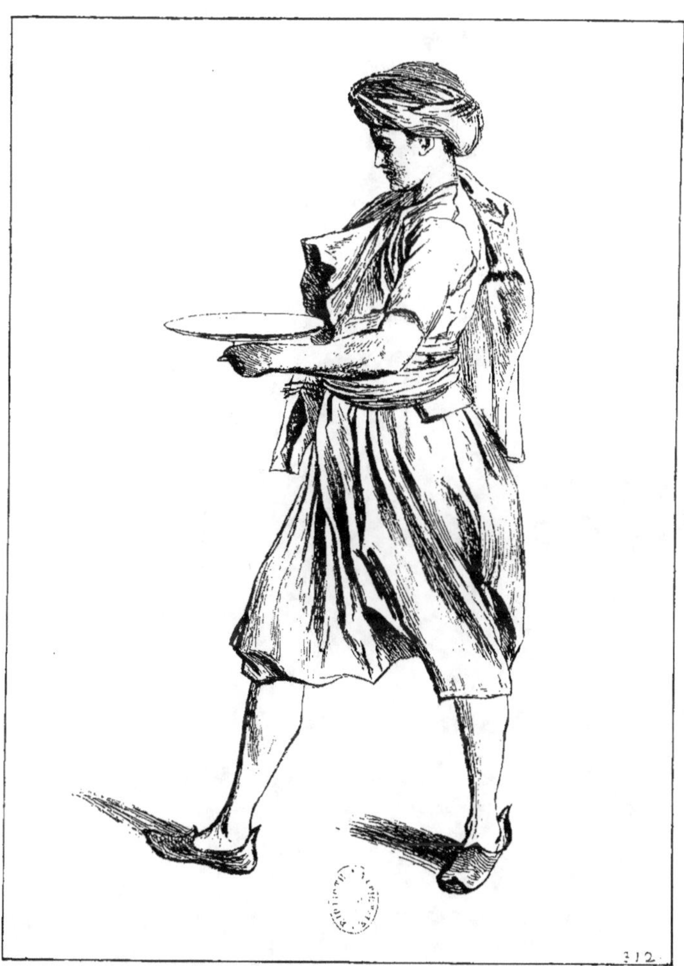

Valleau. Del.
312
B. f.

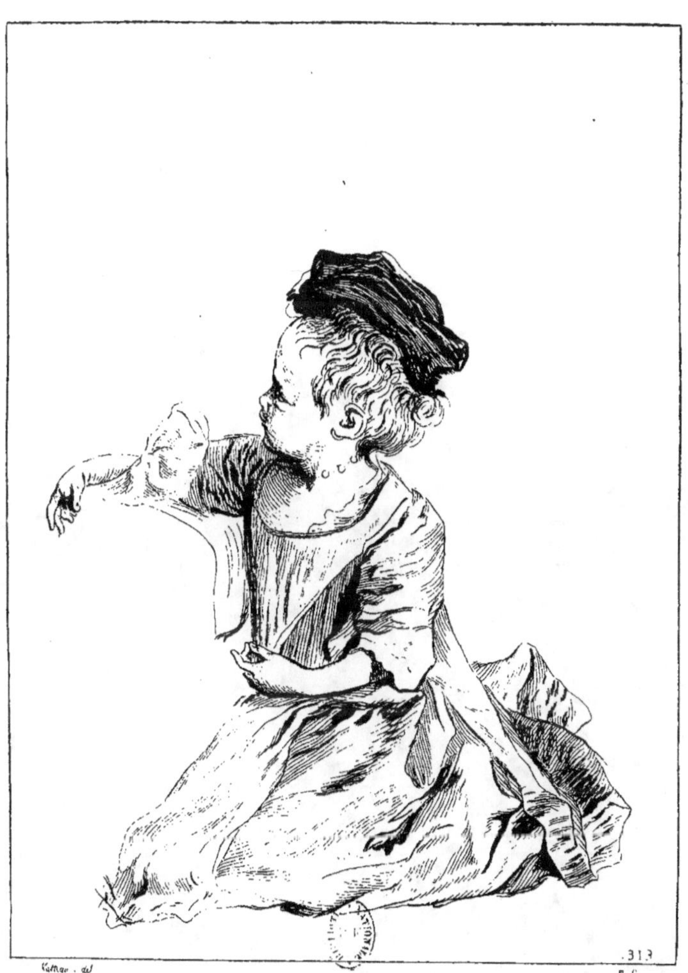

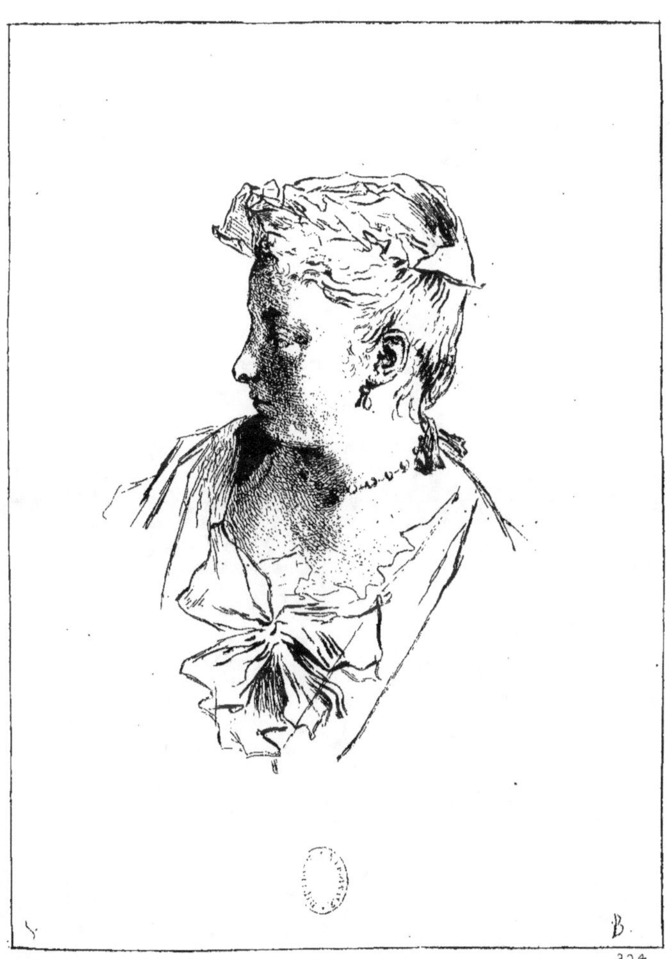

.324.

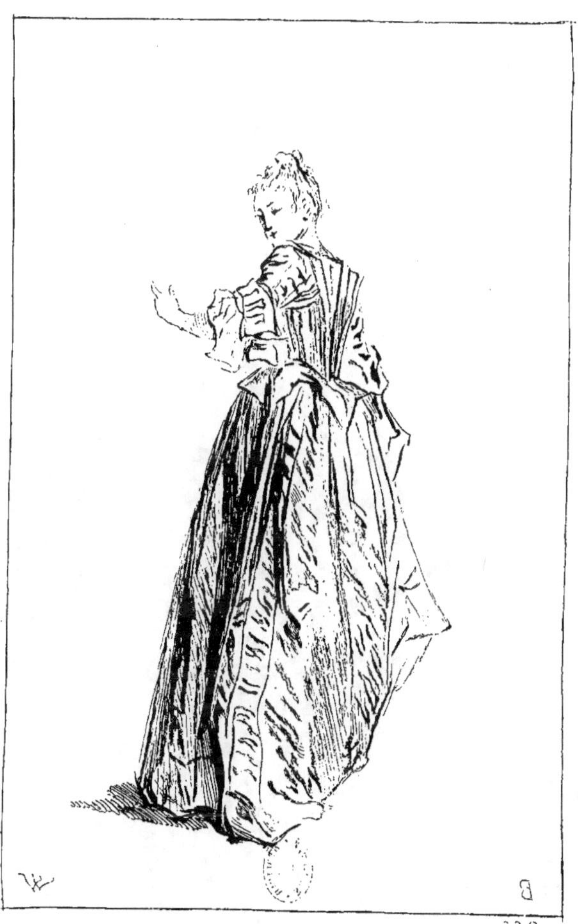

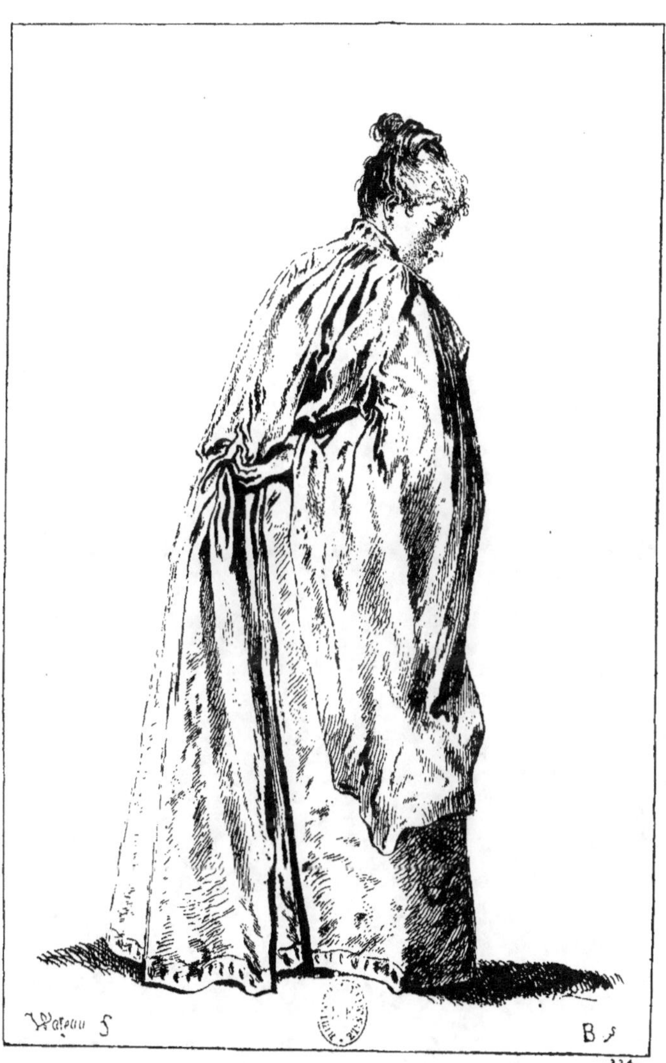

Watteau f.
B f
334

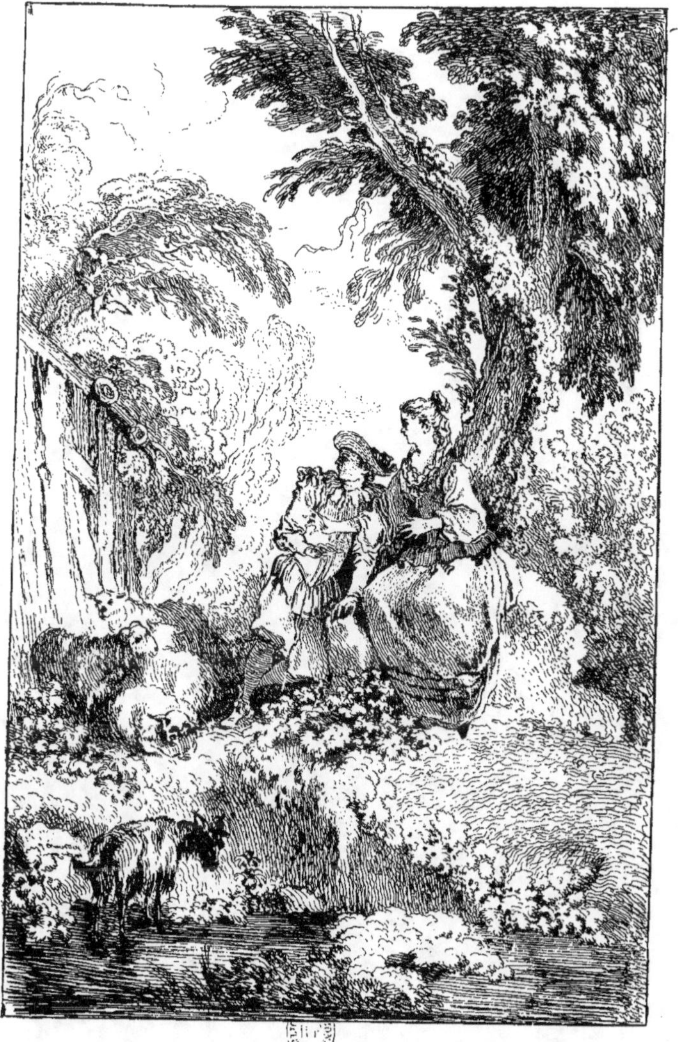

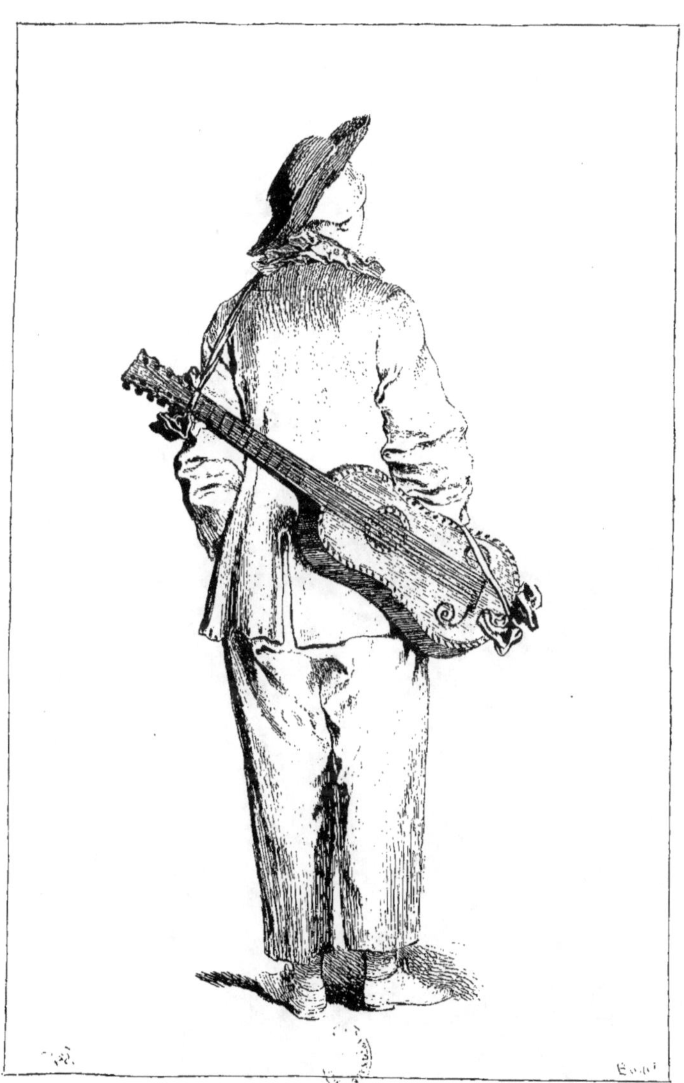

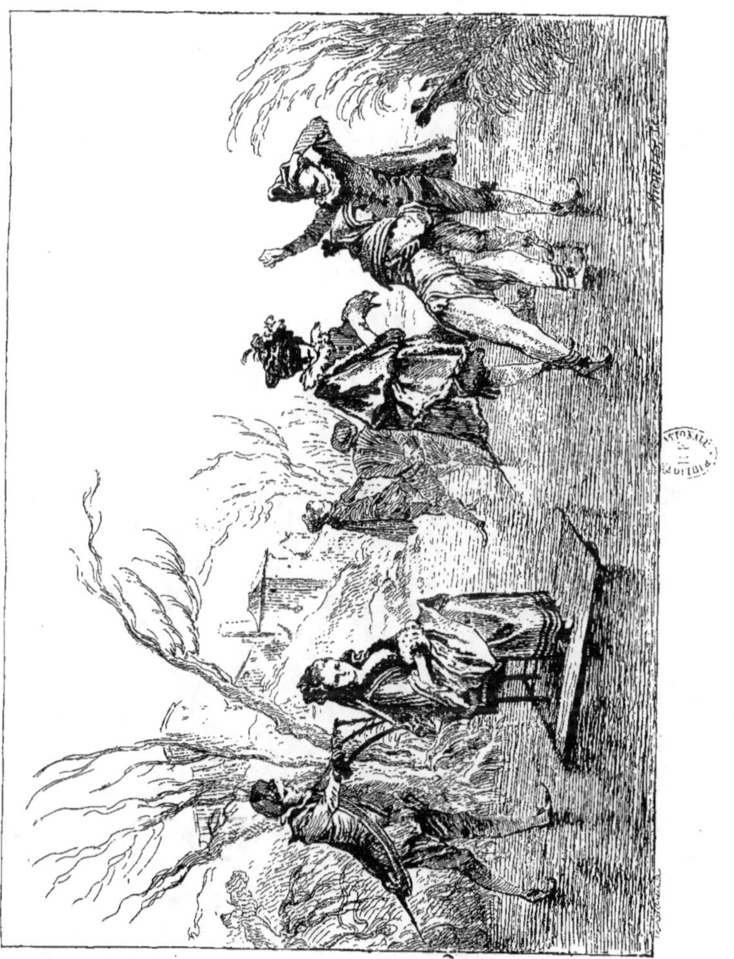

EPITAPHE
DE WATTEAU
Peintre flamand.

Si l'Aimable vertu pour ton Cœur eut des Charmes,
Si de l'Art du Pinceau tu sentis les attraits,
Du célébre Watteau considere les traits,
    Et les honore de tes larmes.

Noble dans ses contours, correct en ses Desseins,
Il sçeut rendre à nos yeux la nature vivante,
Tel autrefois Apelle à la Gréce sçavante
    Montra ses chefsd'œuvres divins.

Heureux, en s'écartant du sentier ordinaire,
Sous des groupes nouveaux il fit voir les Amours;
Et nous Representa les Nymphes de nos Jours
    Aussi charmantes qu'à Cythere.

Sous les Habits galants du siécle où nous vivons,
Sitost qu'il nous traçoit quelques dances nouvelles,
Les graces, à l'envy, de leurs mains Immortelles
    Venoient conduire ses Crayons.

Avec quelle élégance, au fond d'un Paysage
Plaçoit-il les forests, les grottes, les hameaux
On croyoit voir encor ces fertiles cotteaux,
    Si chers aux Dieux du premier âge!

Quelque nom qu'il s'acquit par ces rares talents,
Ce nom, par ses vertus, fût encor plus Illustre,
À peine à la moitié de son huitiesme lustre,
    La Mort vint terminer ses ans.

Son esprit plein de feu, dés sa tendre jeunesse,
A de longues douleurs assujetit son corps,
Une noire Phtisie en usa les ressorts,
    Et mesla ses jours de tristesse.

Mais, que sert de former d'inutiles regrets;
Il vit dans ses amis, il vit dans ses ouvrages:
De ma vive amitié ces vers seront les gages,
    Je les luy consacre à jamais.

F. Baillieul L. inné Sculpsit.

TABLE DESCRIPTIVE

DES

CENT DESSINS DE WATTEAU

GRAVÉS PAR BOUCHER

PAR

EDMOND DE GONCOURT[1]

Page 1. 348. — *1.* Buste d'un frère mendiant, retenant de la
main droite une besace jetée sur son
épaule. *B. f.*

> Le dessin, catalogué n° 790, se vendait 30 l. 2 s., en compagnie de sept
> autres, à la vente de M. de Julienne. 1767.

Page 2. 349. — *2.* Femme en pied, de profil, relevant sa jupe
de la main droite et donnant la main
gauche dans une attitude de danse. *B. s.*

Page 3. 351. — *4.* Homme vêtu d'un costume oriental, vu de
profil, tourné à gauche. *B. sc.*

---

[1] Nous empruntons cette nomenclature et ces descriptions au livre définitif publié par M. Edmond
de Goncourt, à la librairie Rapilly, et portant pour titre : *Catalogue raisonné de l'œuvre de Watteau.*
(1875, in-8°).

Les précieuses indications que l'éminent historien de l'art au XVIIIe siècle nous a permis si gra-
cieusement de joindre aux reproductions des gravures de Boucher, augmente singulièrement l'intérêt
de notre publication. (*Note des éditeurs.*)

Page 4.   352. — *5.* Femme à la robe agrémentée de fourrures. Elle est vue de dos, le profil tourné à gauche. *B. s.*

> Je crois que c'est une répétition de l'eau-forte qui porte, dans le catalogue Paignon Dijonval, le titre de · « Femme russe à la promenade. »

Page 5.   354[1]. — *6.* Savoyard debout avec sa marmotte, tenant dans la main droite un flageolet. *B. j.*

> Étude pour le tableau de la MARMOTTE.

Page 6.   355. — *7.* Femme assise jouant de l'éventail, le profil tourné à droite. *W.*

> Étude de la femme caquetant dans e groupe de gauche du tableau des *Plaisirs du bal.* Cette étude, si je me rappelle bien, a été utilisée une seconde fois pour la femme assise au pied de la statue de Vénus dans le tableau du Musée de Dresde, portant le n° 661 et catalogué sous le titre : « Au pied d'une statue de Vénus, des personnes se reposent sur le gazon, d'autres se promènent. »

Page 7.   356. — *8.* Paysage, où un chemin creux passant sous un pont mène à un village bâti sur un rocher. *Boucher. s.*

Page 8.   365. — *17.* Un Gille en pied, de face, le chapeau à la main. *B. s.*

> Étude pour le Gille dans le groupe de droite du BAL CHAMPESTRE.

Page 9.   370. — *20.* Homme debout, une hotte en bois en dos, le bras droit reposant sur une boîte à marmotte attachée en bandoulière. *B. s.*

---

[1] Les chiffres de cette première colonne sont ceux que portent les pièces décrites dans le *Catalogue raisonné de l'œuvre de Watteau,* de M. E. de Goncourt, et les chiffres de la seconde colonne correspondent au numérotage original des sujets des planches des *Figures de différents caractères.*

Page 17. 390. — *39.* Femme de face regardant à droite, laissant
tomber derrière elle le bras gauche et de
la main droite relevant sa robe par devant.
B. f.

Étude, avec changement de la robe, pour la femme causant debout à
droite, dans le tableau du Bosquet de Bacchus.

Page 18. 391. — *40.* Une allée de parc avec un pavillon au
fond. *Boucher.*

Page 19. 392. — *41.* Deux têtes de femme à grandes fraises,
dont l'une porte un chapeau de paille
relevé sur le côté. *B. sc.*

La tête de la femme au chapeau de paille est une étude pour la tête de
la femme assise sur la galère, dans le tableau de l'Embarquement pour
Cythère.
Le dessin aux trois crayons de cette tête figure sous le n° 1324 au
Louvre.

Page 20. 399. — *48.* Buste d'enfant riant; il est coiffé d'un bourrelet du temps, et a la main gauche posée
en avant. *B.*

Le dessin, très légèrement relevé au crayon noir et exécuté avec cette
grasse sanguine dans les contours, dont Watteau a l'habitude pour ses
études d'enfants, a fait partie de la collection de M. His de la Salle. Sur la
même feuille est le dessin gravé dans les Figures de différents Caractères
sous le n° 83.

Page 21. 402. — *51.* Femme assise, les deux bras tombant le
long de son corps, la tête de profil, regar-
dant à droite; elle est coiffée d'un bonnet
de linge. *B. s.*

Première idée de la femme qui pose sa main sur une main d'homme,
dans le tableau de l'Assemblée galante.

Page 22. 403. — *52.* Flûteur vu de dos. *B. s.*

Page 23. 405. — *53.* Enfant en bourrelet, vu de face, l'épaule droite remontée sur un tertre où s'appuient ses deux mains. *B. s.*

> Une première épreuve retouchée à la sanguine existe dans l'exemplaire de l'Arsenal.
> Le dessin aux trois crayons a passé à la vente Norblin et à la vente Thibaudeau.

Page 24. 406. — *54.* Femme jouant de la guitare, vue de dos, la figure tournée vers le spectateur. *B. a. f. sc.*

> Étude pour le tableau de la FINETTE.

Page 25. 410. — *57.* Crispin assis, la main sur la garde de son épée. *B. sc.*

> Première idée du Crispin du tableau de :
> *Arlequin, Pierrot et Scapin, en dansant, ont l'âme ravie.*

Page 26. 419. — *64.* Personnage drapé dans une grande robe. *B.*

> Étude pour le médecin bâté dans le tableau : *Qu'ai-je fait, assassins maudits ?*

Page 27. 423. — *68.* Femme assise de face, le bras gauche allongé et pendant sur un tertre. *B. s.*

Page 28. 424. — *69.* Vieillard assis sur une chaise, en grand chapeau, en longs cheveux, un rabat au cou ; sa main droite repose sur une béquille. *Boucher.*

> Le dessin aux trois crayons de cette étude avec quelques changements et deux fois répété, le dessin provenant des collections de Vos, Blockhuisen, est actuellement en possession de M. Suermondt. C'est incontestablement le n° 787 de la vente Julienne : « Deux hommes en habit de paysan ; ils sont assis, la main gauche de chacun est posée sur une canne en béquille. » Ce double dessin aux trois crayons avec deux autres études de têtes était vendu 82 l. 2 s.

Page 29. 425. — *70.* Femme assise dans un fauteuil, les mains l'une dans l'autre; elle est vue de profil, tournée à gauche. *B. a. s.*

Le dessin provenant de la collection Mariette où il était vendu 49 l. avec « la tête de l'homme jouant de la flûte », est actuellement exposé au Louvre sous le n° 1335.

Page 30. 427. — *72.* Femme encapuchonnée, vue de dos. *B. s.*

Page 31. 428. — *73.* Homme en costume oriental, en pied, vu de face; il a le pouce de sa main droite passé dans sa ceinture. *B. s.*

Page 32. 434. — *79.* Solitaire lisant au pied d'une croix au milieu de rochers. *B. s.*

Eau-forte peut-être exécutée d'après le dessin d'un tableau passant sous le n° 4 dans une vente du 20 mars 1776, et ainsi catalogué : « Saint Bruno devant une croix. »

Page 33. 437. — *82.* Buste de femme en cheveux retroussés, la tête tournée à gauche. *B.*

Étude de la tête de femme causant au fond avec un mezzetin dans le tableau des COMÉDIENS ITALIENS, étude de la tête femme du groupe de droite, du BAL CHAMPESTRE, étude de la tête femme du « Gille » de la galerie la Caze.

Le dessin, dessin aux trois crayons, a fait partie de la collection de Miss James.

Page 34. 438. — *83.* Buste d'enfant en bourrelet, la figure couchée sur sa main gauche. *f. B.*

Étude pour le petit garçon appuyé sur un tabouret, du tableau de l'OCCUPATION SELON L'AGE. On le retrouve, avec un petit changement dans le mouvement du bras gauche, dans le tableau du musée de Dresde, catalogué sous le titre : « Groupe de messieurs et de dames réunis sur une terrasse. »

Le dessin, dessin largement exécuté à la sanguine et très légèrement relevé de blanc, a fait partie de la collection de M. His de la Salle. Sur la même feuille est le dessin gravé sous le n° 48 des Figures de différents Caractères.

Page 35. 442. — *85*. Fillette de face, en pied, coiffée d'un toquet, les deux mains passées sous son tablier. *B. sc.*

Étude pour une figure de jeune fille de second plan du tableau des PLAISIRS DU BAL.

Page 36. 446. — *87*. Femme dans une attitude de danse; elle est vue de dos, le profil tourné à droite. *B. sc.*

Étude pour la femme qui danse dans le tableau des PLAISIRS DU BAL et dans le tableau du BAL CHAMPESTRE.

Page 37. 448. — *88*. Buste de flûteur en longs cheveux; il est vu de profil et tourné à gauche. *B. sc.*

Le dessin, dessin aux trois crayons, a fait partie de la collection de Miss James. Sur la même feuille est une autre étude de flûteur de trois quarts.

Page 38. 450. — *89*. Femme debout accoudée à un tertre, la jupe relevée sur son bras gauche; elle est vue de profil tournée à gauche. *B. a. s.*

Page 39. 453. — *91*. Paysage avec fabrique au bord d'une rivière; un bouquet d'arbres au premier plan, à gauche. *Boucher*.

Page 40. 460. — *97*. Une écluse de moulin au milieu d'une saulée. *f. Boucher*.

Page 41. 536. — *161*. Femme étendue à terre, vue de dos, la main gauche appuyée sur le sol; elle est enveloppée d'un peignoir rayé. *B. sc.*

Étude pour le tableau non gravé qui figure au musée de Dresde sous le n° 661 et qui a pour titre : « Au pied d'une statue de Vénus des personnes se reposent sur le gazon. »

Page 42. 468. — *102.* Mezzetin dans une attitude de danse.

Étude pour le tableau de l'Indifférent. *B. sc.*

Page 43. 470. — *103.* Femme debout, tenant une quenouille et filant. *B. s.*

Étude pour le tableau de la Fileuse.

Page 44. 472. — *104.* Buste d'homme accoudé, les deux mains passées dans l'ouverture de sa veste, la tête relevée et tournée à droite. *B. s.*

Étude, avec changements dans la coiffure et le costume, pour le personnage de second plan du tableau du Conteur.

Page 45. 487. — *116.* Profil de femme tournée à gauche; elle a la tête baissée, les cheveux relevés et noués au sommet de la tête, et un col ruché autour de la nuque. *B. sc.*

Page 46. 490. — *119.* Mezzetin de profil tourné à droite; il est assis, les bras croisés sous sa cape et porte une toque sur la tête. *B. s.*

Page 47. 503. — *132.* Paysage dans lequel un berger galant prend la taille d'une femme qui le menace de son éventail. *B.*

Grande étude terminée pour le tableau.
Par la tendresse et par les soins
Un jeune cœur. . . . .

Page 48. 504. — *133.* Savoyard agenouillé, ayant au côté sa boîte à marmotte, et montrant ouverte une armoire à *curiosité* sur laquelle on lit : *Suitte des Études d'après Nature par Antoine Watteau peintre du Roy. B. s.*

Page 49. 520. — *146.* Bord de rivière avec fabriques dans le fond ; à droite, un puits rustique près duquel est un brouetteur ; au bord de la rivière deux femmes accroupies. *Boucher.*

Le dessin à la sanguine est dans ma collection.

Page 50. 528. — *153.* Homme couché par terre à plat ventre, le haut du corps un peu soulevé par une éminence sur laquelle croisent ses bras. *B.*

Étude d'un personnage du tableau de l'ILE ENCHANTÉE.

Page 51. 531. — *156.* Oriental à mi-corps, le coude droit reposant sur une table, le regard en l'air ; il est coiffé d'un bonnet garni de fourrures. *B. s.*

Page 52. 540. — *163.* Un jardinier agenouillé, les deux mains sur sa bêche, aux pieds d'une bergère. *Boucher.*

Étude terminée pour le tableau du GALAND JARDINIER.

Page 53. 542. — *165.* Tête d'homme de trois quarts, tournée de bas en haut à droite ; cheveux courts, fraise au cou. *B. s.*

Étude d'une tête de modèle qui revient souvent dans les compositions de Watteau. C'est l'étude de la tête d'homme penchée au-dessus de deux femmes chantant dans le CONCERT CHAMPÊTRE ; c'est encore l'étude de la tête d'homme penchée au-dessus de la chanteuse de LA LEÇON D'AMOUR.

Page 54. 544. — *167.* Une mare entourée d'une saulée ; à droite, au bout d'un chemin une habitation rustique. *Boucher.*

Page 55. 555. — *178.* Guitariste assis à terre à côté d'une femme penchée vers lui et jouant avec le bout de son éventail fermé. *Boucher.*

Peut-être une première idée de la composition peinte conservée au musée de Madrid sous le n° 794, sous le titre : « Une scène d'amour. »

Page 56. 557. — *180.* Femme debout, vue de dos, tendant la main gauche. *B. s.*

Page 57. 570. — *193.* Petit garçon, les mains sous son tablier. *B. f.*

Étude pour le marmiton dans le tableau de l'ESCORTE D'ÉQUIPAGES.

Page 58. 572. — *195.* Maison rustique appuyée à une grange en terre couverte de chaume. *Boucher.*

Page 59. 575. — *198.* Personnage comique en calotte, en longs cheveux; il est assis, une main posée sur sa cuisse, l'autre appuyée sur une béquille. *Boucher.*

Page 60. 585. — *208.* Femme debout, tournée à gauche; elle s'appuie sur un coude, encapuchonnée dans sa mante. *B. f.*

Pages 61 et 62. 648. — *270.* Deux planches. L'une représente un homme jouant de la guitare, une épée entre les jambes, à côté d'un valet, qui retire de l'eau des bouteuilles qui rafraîchissent. L'autre, des soldats et des catins sous une tente attachée à de grands arbres.

Première idée du tableau des DÉLASSEMENTS DE LA GUERRE. Toutes deux sont signées : *Boucher.*

Page 63. 591. — *214.* Femme assise, en chemise, les jambes nues; elle tient dans sa main son pied qu'elle essuie. *B. f.*

Page 64. 592. — *215.* Homme assis dans un fauteuil; il est représenté à mi-corps, la tête couverte

d'un bonnet fourré, le corps enveloppé
d'une houppelande que ses deux mains
ramènent sur son ventre. *B. sc.*

Page 65. 596. — *219.* Petite fille assise de côté sur un banc, la
tête vue de face, au cou un ruban noir. *B. sc.*

Page 66. 597. — *220.* Femme assise, vue de dos; elle semble,
par le mouvement de son corps rejeté à
gauche, se dérober à un attouchement. *B. s.*

Page 67. 598. — *221.* Pierrot saluant, une main posée sur son
cœur. (Sans nom de graveur.)

Page 68. 605. — *228.* Petite Fille en pied, de profil, tournée à
droite; sa tête, retournée vers le fond, est
coiffée d'un toquet, sa main droite soulève son tablier. *B. sc.*

Le dessin aux trois crayons sur la même feuille que « la femme tenant
un enfant sur ses genoux » gravée sous le n° 238 des Figures de différents
Caractères, a fait partie de la collection miss James.

Page 69. 606. — *229.* Femme vue de face, assise à terre, la main
droite appuyée sur le sol, la gauche éten-
due dans un geste indicateur. *B. s.*

Étude de la femme allongée sur la première marche du tableau de
l'ASSEMBLÉE GALANTE.

Page 70. 607. — *230.* Un bouquet d'arbres au bord de l'eau, à
gauche un clocher d'église, derrière une
éminence. *Boucher.*

Page 71. 614. — *237.* Buste de femme regardant à droite, les
mains posées l'une sur l'autre; elle a un
ruban dans les cheveux, un fil de perle au

cou, un fichu noué sur le décolletage de
sa poitrine. *Boucher*.

Étude, avec changement dans le mouvement des mains, pour la femme
qui tient un petit chien sur ses genoux dans le tableau du Musée de Dresde
portant le n° 660 et catalogué sous le titre : « Groupe de messieurs et de
dames réunis sur une terrasse. »

Page 72. 615. — *238.* Femme assise sur un tertre, tenant sur ses
genoux une petite fille la tête appuyée
contre sa poitrine. *Bou. s.*

Le dessin, dessin aux trois crayons sur la même feuille que la fillette
de profil, gravée sous le n° 228 des *Figures de différents caractères*, a fait
partie de la collection de miss James.

Page 73. 616. — *239.* Esclavon debout jouant de la guitare.
B. s.

Page 74. 627. — *249.* Jeune homme embrassant une femme au
bord d'un chemin où passe un âne chargé.
B. s.

Le dessin à la sanguine, de la première manière de Watteau, est dans
la collection de M. Chennevières. Au verso se trouve une étude de gen-
tilhomme.

Page 75. 628. — *250.* Femme en pied, vue de dos, tenant de
son bras droit, contre sa poitrine, le bas
de sa jupe relevée. *B. sc.*

Étude pour une des emmes du second plan dans le tableau de la Pers-
pective.

Page 76. 630. — *252.* Buste de femme encapuchonnée dans une
mante noire, les deux mains posées sur
un rebord de pierre. *Boucher sc.*

Le dessin aux trois crayons a passé aux ventes Mayor et Baroilhet. Beau
dessin, malheureusement ravivé, retouché, ainsi que la plupart des Watteau qui ont été en possession du marchand anglais Mayor, ainsi que beaucoup de dessins qui ont passé par les mains de Baroilhet.

Page 77. 632. — *254*. Profil de femme tournée à droite, la tête
renversée en arrière. *B. s.*

Le dessin, dessin aux trois crayons, a fait partie de la collection de
miss James.

Page 78. 633. — *255*. Tête de Gille, de trois quarts, tournée à
gauche; il porte la fraise et le grand cha-
peau blanc. *B. s.*

Page 79. 634. — *256*. Parc avec statues, jet d'eau, temple; deux
femmes s'y promènent. (Sans nom de
graveur.)

Page 80. 637. — *259*. Femme assise, vue de face, la tête tournée
à droite; elle joue avec un éventail de la
main gauche. *B. s.*

Étude pour une des femmes assises au fond dans le tableau des Fêtes
vénitiennes.

Page 81. 638. — *260*. Femme vue de dos, sur une balançoire.
B. s.

Étude pour la femme qui se balance dans le tableau du Plaisir pas-
toral.
Le dessin, dessin au crayon noir et à la sanguine, provenant de la collection de lord Spencer, a fait partie de la collection de miss James.

Page 82. 641. — *263*. Femme assise à sa toilette, tignonnant ses
cheveux devant un abbé. (Sans nom de
graveur).

Un dessin faux de cette composition était en vente en Angleterre ces
dernières années.

Page 83. 644. — *266*. Femme assise sur une chaise, le corps
légèrement tourné à gauche, les bras croi-
sés, les mains posées l'une sur l'autre.
Boucher.

Une deuxième étude pour la femme du tableau des Charmes de la vie.

Page 84. 649. — *271.* Un personnage de pastorale galante, en pied, la main droite passée dans sa ceinture, la gauche repoussant derrière lui sa grande robe. *Bou. s.*

Étude pour l'homme causant avec une femme, près de la fontaine placée à gauche, dans le tableau du Bosquet de Bacchus.

Page 85. 651. — *272.* Trois saules au bord de l'eau. *Boucher.*

Page 86. 661. — *282.* Galant de village, assis à terre, les jambes allongées devant lui, un chapeau de paille sur la tête; ses mains jouent avec une fleurette. *B.*

Étude pour le tableau conservé au musée de Madrid, sous le n° 794, sous le titre : « Une scène d'amour. »

Page 87. 662. — *283.* Constructions rustiques en planches, au milieu de grands arbres, au bord d'un ruisseau. *Boucher.*

Page 88. 665. — *286.* Buste de femme, la tête couverte d'un voile noir et appuyée sur le coude gauche. *ſ. B.*

Étude pour une des femmes du groupe de gauche dans le tableau des Plaisirs du bal.

Page 89. 667. — *288.* Soldat assis à terre, son fusil posé à côté de lui, pendant qu'une femme soulève un broc. *B. ſ. sc.*

Étude pour un groupe dans le tableau du Défillé.

Page 90. 672. — *393.* Passage d'une passerelle par des bestiaux. *Boucher.*

Page 91. 683. — *303.* Dans un parc, Mezzetin prenant la taille à une femme assise sur un banc de pierre, tandis que deux amoureux se promènent en se tenant par les mains. (Sans nom de graveur.)

Page 92. 690. — *310.* Oriental en pied, vu de face, un poing sur la hanche, la main gauche étendue vers la droite ; il est en robe et en turban bordés de fourrures. *B.*

Page 93. 692. — *312.* Esclave oriental portant une coupe ; il est en turban et en babouches. *B. s.*

Le dessin, dessin à la sanguine, a fait partie de la collection de miss James.

Page 94. 693. — *313.* Petite fille coiffée d'un toquet ; elle est vue de profil tournée à gauche et appuyée sur son bras droit étendu sur un tertre. *B. s.*

Page 95. 706. — *324.* Buste de femme tourné à gauche, un bonnet de linge sur les cheveux, un fil de perle au cou, un gros nœud au corsage. *B.*

Page 96. 714. — *332.* Femme vue de dos, se retournant et tendant la main gauche. *B.*

Page 97. 716. — *334.* Femme vue de dos, le profil tourné et abaissé à droite ; elle flotte dans un large manteau de lit que sa main droite retournée soulève par derrière. *B. s.*

Ce dessin, barbouillé aux trois crayons, dessin pour moi fort douteux, quoique portant une marque ancienne, est conservé dans les cartons du Louvre.

Page 98. 719. — *337.* Berger agenouillé aux pieds d'une bergère assise sous un arbre ; une chèvre au bord de l'eau, des moutons. (Sans nom de graveur.)

Page 99. 721. — *339.* Gille en pied, une guitare en bandoulière dans le dos. *Bouch.*

Étude pour le Gille du tableau de la Partie quarrée.

Page 100. 732. — *350.* Des patineurs sur la glace. A gauche un homme pousse une femme sur une chaise-traîneau. *Boucher.*

Le groupe de l'homme et de la femme est l'étude qui a servi à la peinture de l'arabesque intitulée l'Hyver qu'avait déjà gravée Boucher.

ÉVREUX, IMPRIMERIE DE CHARLES HÉRISSEY

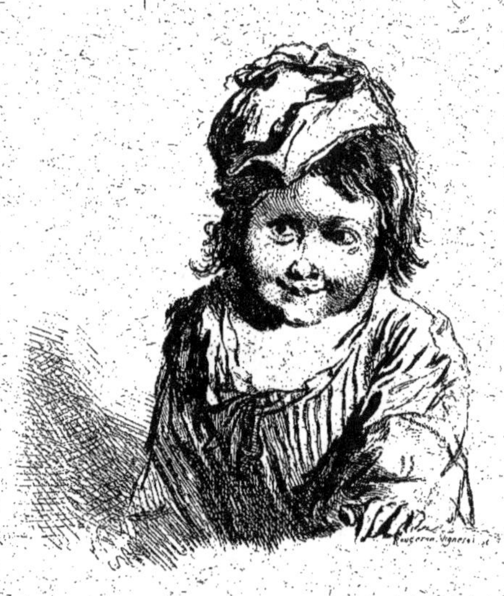

www.ingramcontent.com/pod-product-compliance
Lightning Source LLC
LaVergne TN
LVHW050040060726
842524LV00003B/628